kochen & genießen

Glück aus einem Topf

MOEWIG

GELINGT IMMER! GARANTIE
Alle Rezepte 3 Mal getestet

„Gelingt immer!" steht auf dem Garantiesiegel des Buchcovers. Dieser Qualitätsanspruch ist uns wichtig, damit bei Ihnen zu Hause auch wirklich alles reibungslos klappt. **Dafür wird jedes Rezept von unserer Redaktion mehrfach getestet.** Ernährungswissenschaftler kochen und backen die Rezepte in unserer Versuchsküche nach. Die Foodstylisten verwenden für die Fotos nur echte Lebensmittel, damit alles natürlich ist und auch so aussieht. Nur wenn die Rezepte perfekt gelingen, veröffentlichen wir sie. Dafür steht unser Siegel

Die Ratschläge in diesem Buch wurden von Autoren und Verlag sorgfältig erwogen und geprüft, dennoch kann eine Garantie nicht übernommen werden. Eine Haftung der Autoren bzw. des Verlags und seiner Beauftragten für Personen-, Sach- oder Vermögensschäden ist ausgeschlossen.

Moewig bei ZS
Die ZS Verlag GmbH ist ein Unternehmen der Edel AG, Hamburg.
www.zsverlag.de | www.facebook.com/zsverlag

Copyright © 2018 ZS Verlag GmbH
Kaiserstraße 14b
D-80801 München

2. Auflage 2018

ISBN 978-3-96292-002-9

Redaktion kochen & genießen:
Chefredaktion: Jessika Brendel
Konzeption, Text & Redaktion: Stefanie Reifenrath
Redaktion: Angela Berger, Jan Bockholt
Schlussredaktion: Lektornet

Layout:
Redaktion Food & Foto Experts; Ilka Wirdemann (Ltg.), Matthew Wolter; Carola Flohr
Illustrationen: Carola Flohr, Fotolia, freepik
Fotos: Redaktion Food & Foto Experts; Ilka Wirdemann (Ltg.)

Druck & Bindung:
optimal media GmbH, Glienholzweg 7,
17207 Röbel/Müritz

Alle Rechte vorbehalten. All rights reserved.
Das Werk darf – auch teilweise – nur mit Genehmigung des Verlages wiedergegeben werden.

Printed in Germany

Heiß geliebt und gern gekocht!

One-Pot-Gerichte sind so etwas wie die Lieblingsstrickjacke am Familientisch: gemütlich, vertraut und leicht aufzutragen. Darüber hinaus ist der Aufwand überschaubar, und man hat weniger abzuwaschen. Und warum „One Pot" und nicht einfach Eintopf? Weil es so viel mehr gibt, was wir in einem Topf zubereiten können, als die Suppentöpfe unserer Mütter und Großmütter.

Egal wo auf der Welt – fast alle Kulturen haben eigene „One Pots": Italiener rühren z. B. cremiges Risotto, Spanier schmoren duftende Paella, und Franzosen servieren perfektes Cassoulet. Dazu braucht es jeweils nur eine Pfanne, einen Schmortopf, einen Tontopf, ein Ofenblech oder auch einen Wok. Am Ende verschmelzen darin die unterschiedlichsten Aromen immer zu etwas ganz Besonderem.

Natürlich haben wir aber auch neben den klassischen Eintöpfen die One-Pot-Pasta-Gerichte, feinen Suppen, Kartoffel- und Ofengerichte, Chilis, Currys und vieles mehr nicht vergessen. Alles in unserer Versuchsküche erprobt und mehrfach getestet.

Das Gute an unseren über 170 Rezepten: Die Zubereitung ist einfach und originell. Kochanfänger werden genauso ihren Spaß daran haben wie durchgetaktete Familienmanager oder ambitionierte Hobbyköche.

Wir wünschen Ihnen viel Spaß beim Nachkochen, gemütlichen Beisammensein und Genießen

**Ihre Redaktion
kochen & genießen**

INHALT

EINTÖPFE & SUPPEN	S. 8
GULASCH & RAGOUT	S. 34
ONE-POT-PASTA	S. 52
DIE BESTEN PARTYREZEPTE	S. 66
FEINE SUPPEN	S. 86
AUS DEM OFEN	S. 100
KORN FÜR KORN	S. 112
PFANNENGERICHTE	S. 124
GUTES AUS DEM TONTOPF	S. 144

INHALT

CURRYS & CHILIS S. 150

ALLES VOM BLECH S. 160

KARTOFFEL-GERICHTE S. 168

KALTSCHALEN S. 180

WISSENSWERTES

SELBST GEKOCHTE FONDS S. 84

RAFFINIERTE EXTRAS S. 98

REZEPTE VON A BIS Z S. 188

Eintöpfe & Suppen

Hier gibt's was Gutes auf die Löffel – wunderbare Schmeichler für Magen und Seele, die richtig guttun

EINTÖPFE UND SUPPEN

Frische Gemüsesuppe

ZUTATEN FÜR 4 PERSONEN
- 1 Bund großes Suppengrün
- 1 Tomate
- 1 Bund Petersilie
- 1–2 Zwiebeln
- 2 Lorbeerblätter ♥ Salz
- 1 TL schwarze Pfefferkörner
- 4 Gewürznelken
- 600 g festkochende Kartoffeln
- 500 g Möhren
- 2 Stangen (ca. 450 g) Porree
- 250 g TK-Erbsen ♥ Pfeffer

1 Suppengrün putzen bzw. schälen, waschen und in grobe Stücke schneiden. Tomate waschen und halbieren. Petersilie waschen, Blättchen abzupfen, Stiele beiseitelegen. Zwiebeln schälen und halbieren. Zwiebeln mit den Schnittflächen nach unten in einem großen Topf ohne Fett anrösten. Ca. 2 l Wasser angießen. Suppengrün, Petersilienstiele, Tomate, Lorbeer, 1 TL Salz, Pfefferkörner und Nelken zugeben. Aufkochen und zugedeckt ca. 30 Minuten köcheln.

2 Inzwischen Kartoffeln und Möhren schälen und waschen. Kartoffeln fein würfeln, Möhren in Scheiben schneiden. Porree putzen, waschen und in Ringe schneiden. Petersilienblättchen hacken.

3 Gemüsebrühe durch ein Sieb in einen großen Topf gießen. Brühe erneut aufkochen. Kartoffeln, Möhren und Porree zufügen. Zugedeckt darin ca. 15 Minuten garen. Gefrorene Erbsen ca. 3 Minuten vor Ende der Garzeit zufügen und mitköcheln. Suppe mit Salz und Pfeffer abschmecken. Mit Petersilie bestreut servieren.

ZUBEREITUNGSZEIT ca. 1 ¼ Std.
PORTION ca. 260 kcal
E 11 g · F 1 g · KH 43 g

EINTÖPFE UND SUPPEN

Gulaschtopf mit Sauerkraut

ZUTATEN FÜR 4 PERSONEN
- 600 g Schweinegulasch
- 4 EL Öl
- 2 Zwiebeln ♥ 1 Knoblauchzehe
- 2 EL Tomatenmark ♥ Salz
- Edelsüßpaprika ♥ Rosenpaprika
- 125 ml Weißwein
- 2–3 TL Gemüsebrühe (instant)
- 1 TL Kümmel
- 2 Lorbeerblätter
- 2 Wacholderbeeren
- 600 g Kartoffeln
- 1 Dose (425 ml) Sauerkraut
- Pfeffer ♥ Zucker

1 Fleisch trocken tupfen und in kleinere Würfel schneiden. Öl in einem Bräter erhitzen und Fleisch darin ca. 6 Minuten rundherum goldbraun anbraten. Zwiebeln und Knoblauch schälen. Zwiebeln in Streifen schneiden und Knoblauch hacken. Zwiebeln, Knoblauch und Tomatenmark zum Fleisch geben und weitere ca. 5 Minuten braten. Mit Salz, Edelsüß- und Rosenpaprika würzen.

2 Mit Wein ablöschen, aufkochen und unter Rühren einköcheln. 1,5 l Wasser zugießen, aufkochen und Brühe einrühren. Mit Kümmel, Lorbeer und Wacholder würzen. Alles aufkochen und zugedeckt ca. 1¼ Stunden köcheln.

3 Kartoffeln schälen, waschen und in Würfel schneiden. Sauerkraut (s. Tipp) und Kartoffeln zufügen und weitergaren.

4 Suppe mit Paprikapulver, Pfeffer, Salz und 1 TL Zucker abschmecken. Dazu schmeckt saure Sahne.

ZUBEREITUNGSZEIT ca. 1¾ Std.
PORTION ca. 410 kcal
E 37 g · F 14 g · KH 25 g

MUNDGERECHT
Sauerkraut erst abtropfen lassen, dann etwas kleiner schneiden. So lässt sich die Suppe später besser essen.

EINTÖPFE UND SUPPEN

Kräftige Hühnersuppe mit Nudeln

ZUTATEN FÜR 4 PERSONEN
- 1 großes Bund Suppengrün
- 2 Zwiebeln
- 2 Tomaten
- 1 Stück (3 cm) Ingwer
- 1 küchenfertiges Hähnchen (ca. 1,3 kg)
- 2 Lorbeerblätter
- 4 Gewürznelken
- 5 Wacholderbeeren
- 1 TL schwarze Pfefferkörner
- 2 getrocknete Chilischoten ♥ Salz
- 500 g Möhren
- 1 Bund Petersilie
- 250 g Hörnchennudeln
- 150 g TK-Erbsen ♥ Pfeffer

1 Suppengrün putzen bzw. schälen, waschen und klein schneiden. Zwiebeln schälen und vierteln. Tomaten waschen und halbieren. Ingwer schälen und grob würfeln. Hähnchen abspülen. Alles mit Lorbeer, Nelken, Wacholder, Pfefferkörnern, Chili und 1 EL Salz in einem großen Topf mit ca. 3 l Wasser bedecken. Aufkochen und mit leicht geöffnetem Deckel ca. 1¾ Stunden köcheln.

2 Inzwischen Möhren schälen, waschen und in Scheiben schneiden. Petersilie waschen und grob hacken.

3 Hähnchen aus der Brühe heben und etwas abkühlen lassen. Brühe durchsieben und erneut aufkochen. Nudeln und Möhren darin ca. 10 Minuten, gefrorene Erbsen ca. 5 Minuten garen.

4 Inzwischen Fleisch von Haut und Knochen lösen und in mundgerechte Stücke zupfen. Mit Petersilie in die Brühe geben und kurz erhitzen. Mit Salz und Pfeffer abschmecken.

ZUBEREITUNGSZEIT ca. 2½ Std.
PORTION ca. 790 kcal
E 48 g · F 36 g · KH 64 g

EINTÖPFE UND SUPPEN

Dicke-Bohnen-Suppe mit Kasseler

ZUTATEN FÜR 4 PERSONEN
- ca. 2 kg Dicke Bohnen (ersatzweise 400 g TK-Dicke-Bohnen)
- 250 g Pfifferlinge
- 1 Stange Porree
- 400 g ausgelöstes Kasselerkotelett
- 3 EL Öl ♥ Salz ♥ Pfeffer
- 3 EL Tomatenmark
- 2 TL Gemüsebrühe (instant)
- 4 Stiele Petersilie
- evtl. gemahlener Koriander

1 Frische Dicke Bohnen enthülsen und waschen. Frische bzw. gefrorene Bohnenkerne eventuell aus der Haut lösen (s. Tipp). Pfifferlinge putzen, kurz waschen und trocken tupfen. Große Pilze halbieren. Porree putzen, waschen, längs halbieren und in Streifen schneiden.

2 Kasseler trocken tupfen und in Streifen schneiden. Öl in einem Topf erhitzen. Kasselerstreifen darin portionsweise rundherum kurz anbraten. Herausnehmen.

3 Pfifferlinge im heißen Bratfett anbraten. Mit Salz und Pfeffer würzen. Herausnehmen.

4 Tomatenmark im Bratfett anschwitzen. 600 ml Wasser und Brühe angießen und aufkochen. Bohnenkerne und Porree zufügen, ca. 8 Minuten garen.

5 Pfifferlinge und Kasseler in die Suppe geben und kurz erhitzen. Petersilie waschen, Blättchen grob hacken. Eintopf mit Salz, Pfeffer und Koriander abschmecken. Mit Petersilie bestreuen.

ZUBEREITUNGSZEIT ca. 1 Std.
PORTION ca. 270 kcal
E 27 g · F 10 g · KH 17 g

BOHNEN HÄUTEN Feiner schmeckt's, wenn Sie die Dicken Bohnen mit kochendem Wasser überbrühen, abschrecken und mit den Fingern aus der ledrigen Haut drücken.

EINTÖPFE UND SUPPEN

Hühnerfrikassee-Suppe

ZUTATEN FÜR 4 PERSONEN
- 2 Zwiebeln
- 600 g Hähnchenfilet
- 2 EL Öl
- Salz ♥ Pfeffer
- 2 EL Mehl
- 750 ml Milch
- 2–3 TL Hühnerbrühe (instant)
- 300 g Champignons
- 300 g TK-Erbsen
- 2 EL Zitronensaft
- 3 Eigelb
- 100 g Schlagsahne

1 Zwiebeln schälen und würfeln. Hähnchenfilet abspülen, trocken tupfen und in Streifen schneiden. Öl in einem Topf erhitzen. Hähnchen darin ca. 3 Minuten unter Wenden anbraten. Zwiebeln zufügen und weitere ca. 2 Minuten mitbraten. Mit Salz und Pfeffer würzen. Mit Mehl bestäuben. 750 ml Wasser und Milch angießen und alles aufkochen. Brühe einrühren. Zugedeckt ca. 15 Minuten köcheln.

2 Inzwischen Champignons putzen, waschen und je nach Größe halbieren oder vierteln. Mit gefrorenen Erbsen in die Suppe geben und kurz mitgaren. Suppe mit Salz, Pfeffer und Zitronensaft abschmecken und von der Herdplatte nehmen. Eigelb und Sahne verquirlen und in die Suppe rühren (s. Tipp).

ZUBEREITUNGSZEIT ca. 40 Min.
PORTION ca. 570 kcal
E 49 g · F 26 g · KH 32 g

LEGIEREN Das Einrühren von einem Ei-Sahne-Gemisch verfeinert und bindet die Suppe. Danach die Suppe allerdings nicht mehr aufkochen, denn sonst gerinnt das Ei.

Dazu schmecken Blätterteigblüten

1 Scheibe (75 g) TK-Blätterteig auftauen lassen. Auf **etwas Mehl** auf die doppelte Größe ausrollen. Mit einem **Keksausstecher (ca. 3 cm Ø)** ca. 24 Blüten ausstechen, auf ein mit **Backpapier** ausgelegtes Backblech setzen. **1 Eigelb** und **2 EL Milch** verquirlen, Blüten damit bestreichen. Im heißen Ofen (E-Herd: 200 °C/Umluft: 180 °C/Gas: s. Hersteller) ca. 10 Minuten backen.

EINTÖPFE UND SUPPEN

Würziger Hackfleischtopf

ZUTATEN FÜR 6 PERSONEN
- 500 g Brokkoli
- 2 Möhren
- 1 Bund Lauchzwiebeln
- 1 Knoblauchzehe
- 150 g geräucherter durchwachsener Speck
- 200 g Ciabatta
- 6–7 EL Olivenöl
- 750 g gemischtes Hack
- 1 EL Edelsüßpaprika
- 3 EL Tomatenmark
- 1 Dose (850 ml) Tomaten
- 2–3 TL klare Brühe (instant)
- 2 TL getrockneter Oregano
- Salz · Pfeffer · Zucker

1 Brokkoli putzen, waschen und in kleine Röschen teilen. Brokkolistiel schälen und in Scheiben schneiden. Möhren schälen, waschen und in feine Würfel schneiden. Lauchzwiebeln putzen, waschen und die dunkelgrünen Teile beiseitelegen. Rest in Ringe schneiden. Knoblauch schälen und fein würfeln. Speck in Streifen schneiden.

2 Ciabatta in Würfel schneiden. 5–6 EL Öl portionsweise in einem großen Topf erhitzen. Brotwürfel darin in 2 Portionen rundherum goldbraun rösten. Herausnehmen.

3 1 EL Öl in dem Topf erhitzen. Speck darin knusprig anbraten. Hack zufügen und krümelig braten. Möhren, Lauchzwiebelringe und Knoblauch kurz mitbraten. Edelsüßpaprika und Tomatenmark zufügen, kurz anschwitzen. Tomaten samt Saft und ca. 1 l Wasser angießen. Tomaten mit dem Pfannenwender etwas zerdrücken. Alles aufkochen, Brühe einrühren. Mit Oregano, Salz, Pfeffer und 1 Prise Zucker würzen. Ca. 10 Minuten köcheln. Brokkoliröschen und -stiele zufügen und ca. 5 Minuten weiterköcheln.

4 Eintopf nochmals abschmecken. Übriges Lauchzwiebelgrün in feine Ringe schneiden und mit den Croûtons über den Eintopf streuen. Dazu schmeckt Schmand.

ZUBEREITUNGSZEIT ca. 1 Std.
PORTION ca. 650 kcal
E 35 g · F 45 g · KH 22 g

EINTÖPFE UND SUPPEN

Kartoffel-Erbsen-Suppe mit Stremellachs

ZUTATEN FÜR 4 PERSONEN
- 375 g getrocknete grüne Schälerbsen
- 1 Zwiebel
- je 2 Stiele Majoran und Petersilie
- 1 EL Öl
- 1 Bund Suppengrün
- 500 g Kartoffeln
- Salz • Pfeffer
- 150 g Schlagsahne
- 2 TL geriebener Meerrettich (Glas)
- 200 g Stremellachs

1 AM VORTAG Erbsen über Nacht in 2 l kaltem Wasser einweichen.

2 AM NÄCHSTEN TAG Zwiebel schälen und fein würfeln. Kräuter waschen und hacken. Öl in einem großen Topf erhitzen. Zwiebel darin andünsten. 1 l kaltes Wasser und Erbsen samt Einweichwasser zufügen. Aufkochen und entstandenen Schaum entfernen. Kräuter zufügen. Alles zugedeckt ca. 1 Stunde köcheln.

3 Suppengrün putzen bzw. schälen und waschen. Möhren und Sellerie fein würfeln. Porree in feine Ringe schneiden. Kartoffeln schälen, waschen und fein würfeln. Alles in die Suppe geben. Mit Salz und Pfeffer würzen. Aufkochen und zugedeckt ca. 30 Minuten weiterköcheln. Dabei mehrmals umrühren.

4 Sahne halbsteif schlagen, Meerrettich unterrühren. Lachs mit 2 Gabeln zerzupfen. Suppe mit Salz und Pfeffer kräftig abschmecken. Meerrettichsahne und Lachs dazu reichen.

ZUBEREITUNGSZEIT ca. 1¾ Std. + Wartezeit ca. 12 Std.
PORTION ca. 510 kcal
E 31 g · F 20 g · KH 49 g

15

EINTÖPFE UND SUPPEN

Birnen, Bohnen und Kasseler

ZUTATEN FÜR 4 PERSONEN
- 2 Zwiebeln ♥ 1 Lorbeerblatt
- 1 TL Pfefferkörner ♥ 2 Gewürznelken
- 600 g Kasselernacken ohne Knochen
- 2 EL Öl
- 600 g grüne Bohnen
- 5 Stiele Bohnenkraut
- 2 Birnen
- 600 g Kartoffeln
- ½ Bund Schnittlauch
- Salz ♥ Pfeffer
- *1 Teebeutel für die Gewürze*
- *Küchengarn*

1 Zwiebeln schälen und grob würfeln. Lorbeer, Pfefferkörner und Nelken in den Teebeutel geben und mit Küchengarn verschließen. Fleisch trocken tupfen und in Würfel schneiden.

2 Öl in einem Bräter erhitzen. Fleisch darin unter Wenden anbraten. Zwiebeln zufügen, kurz mitbraten und mit gut 1 l heißem Wasser ablöschen. Gewürzbeutel zufügen, aufkochen und zugedeckt ca. 50 Minuten schmoren.

3 Bohnen waschen, putzen und in mundgerechte Stücke schneiden. Bohnenkraut waschen und mit Küchengarn zusammenbinden. Birnen waschen, halbieren und entkernen. Kartoffeln schälen, waschen und würfeln.

4 Fleisch und Gewürzbeutel aus der Brühe nehmen. Kartoffeln, Bohnen, Birnen und Bohnenkraut in die Brühe geben. Alles aufkochen und zugedeckt 20–25 Minuten köcheln.

5 Bohnenkraut aus dem Eintopf entfernen. Fleisch wieder zum Eintopf geben. Schnittlauch waschen und in feine Röllchen schneiden. Eintopf mit Salz und Pfeffer abschmecken. Mit Schnittlauch bestreut servieren.

ZUBEREITUNGSZEIT ca. 1 ½ Std.
PORTION ca. 400 kcal
E 30 g · F 15 g · KH 35 g

EINTÖPFE UND SUPPEN

Polnischer Krauttopf „Bigos"

ZUTATEN FÜR 4 PERSONEN
- 30 g gemischte getrocknete Pilze
- 600 g Weißkohl
- 3 Zwiebeln
- 750 g Schweinerippchen
- 600 g Rinderbraten (z. B. Keule)
- 4 EL Öl ♥ Salz ♥ Pfeffer
- 4 EL Tomatenmark
- 1 Dose (425 ml) Sauerkraut
- 2 Lorbeerblätter
- 150 g getrocknete Softpflaumen
- 1 Bund Petersilie

1 Pilze in 500 ml Wasser einweichen. Kohl putzen, waschen und in Streifen vom Strunk schneiden. Zwiebeln schälen, halbieren und in Streifen schneiden. Rippchen abspülen, trocken tupfen und zwischen den Knochen zerteilen. Rindfleisch trocken tupfen und in kleine Würfel schneiden.

2 Öl in einem großen Topf erhitzen. Rippchen und Fleischwürfel darin portionsweise anbraten. Mit Salz und Pfeffer würzen und herausnehmen.

3 Zwiebeln im heißen Bratfett andünsten. Tomatenmark einrühren und anschwitzen. Kohl, Sauerkraut und Lorbeer zugeben. Pilze samt Einweichwasser sowie Pflaumen zufügen. Mit Salz und Pfeffer würzen. Rippchen und Bratenwürfel auf dem Kraut verteilen, zugedeckt ca. 2 Stunden schmoren, dabei ab und zu umrühren. Eventuell noch etwas Wasser zufügen.

4 Rippchen aus dem Topf nehmen, kurz abkühlen lassen und Fleisch von den Knochen lösen. Fleisch wieder zufügen. Krauttopf abschmecken. Petersilie waschen, Blättchen hacken. Bigos mit Petersilie bestreut anrichten.

ZUBEREITUNGSZEIT ca. 2 ¾ Std.
PORTION ca. 630 kcal
E 53 g · F 32 g · KH 31 g

FLEISCH NACH BELIEBEN

In den Krauttopf können Sie auch anderes Fleisch geben, z. B. Kasselernacken oder gemischtes Gulasch. Auch Würstchen (z. B. Kabanossi) werden gern mitgeschmort.

EINTÖPFE UND SUPPEN

Käse-Porree-Suppe mit Hack

ZUTATEN FÜR 4 PERSONEN
- 1 Stange (ca. 250 g) Porree
- 2 Möhren
- 3 EL Öl
- 300 g gemischtes Hack
- Salz • Pfeffer
- 3 EL Weißwein
- 2 TL Gemüsebrühe (instant)
- 175 g Cheddar (Stück)
- 400 g Schmelzkäsezubereitung
- 5 Stiele Petersilie

1 Porree putzen, waschen und in dünne Ringe schneiden. Möhren schälen, waschen, längs vierteln und in kleine Stücke schneiden.

2 FÜR DAS TOPPING 2 EL Öl in einem großen Topf erhitzen. Hack und je 2 EL Möhren und Porree darin ca. 5 Minuten krümelig anbraten. Mit Salz und Pfeffer würzen. Herausnehmen.

3 1 EL Öl in dem Topf erhitzen. Rest Porree und Möhren darin 3–4 Minuten andünsten. Wein zufügen und 2–3 Minuten einköcheln. 1 l Wasser zugießen, aufkochen und Brühe einrühren. Zunächst ca. 10 Minuten köcheln.

4 Cheddar reiben. Cheddar und Schmelzkäse in die Suppe rühren, bis der Käse geschmolzen ist. Ca. 5 Minuten weiterköcheln. Suppe mit Salz und Pfeffer abschmecken.

5 Petersilie waschen, Blättchen in feine Streifen schneiden. Suppe mit Hackmischung und Petersilie anrichten.

ZUBEREITUNGSZEIT ca. 40 Min.
PORTION ca. 750 kcal
E 42 g · F 60 g · KH 11 g

EINTÖPFE UND SUPPEN

vegetarisch

Rote-Linsen-Suppe

ZUTATEN FÜR 4 PERSONEN
- 2 Zwiebeln
- 2 Knoblauchzehen
- 2–3 Möhren
- 2 EL Öl
- 1 EL getrockneter Thymian
- 250 g rote Linsen
- 3–4 TL Gemüsebrühe (instant)
- Salz • Pfeffer
- Edelsüßpaprika
- 2 EL Zitronensaft • Zucker

1 Zwiebeln und Knoblauch schälen, fein würfeln. Möhren schälen, waschen und klein würfeln. Öl in einem Topf erhitzen. Zwiebeln und Knoblauch darin andünsten. Möhren und Thymian kurz mit andünsten. Linsen unterrühren. Ca. 1,25 l Wasser zugießen, aufkochen und Brühe einrühren. Mit Salz, Pfeffer und Paprika würzen. Zugedeckt ca. 25 Minuten köcheln.

2 Suppe mit Salz, Pfeffer, Zitronensaft, Edelsüßpaprika und 1 Prise Zucker abschmecken. Topping nach Wahl (s. rechts) dazu reichen.

ZUBEREITUNGSZEIT ca. 45 Min.
PORTION ca. 340 kcal
E 19 g · F 7 g · KH 47 g

Zweierlei Toppings

MINZJOGHURT UND SESAM

150 g Vollmilchjoghurt mit **Salz, Pfeffer** und **Kreuzkümmel** abschmecken. **2 Stiele Minze** waschen, Blättchen grob hacken und unterrühren. Mit **2 EL Sesam** bestreuen.

CURRY-CROÛTONS UND LAUCHZWIEBELN

2 Scheiben Toastbrot würfeln. **2 EL Butter** in einer Pfanne erhitzen. Brotwürfel darin rösten. Mit **1 TL Curry** bestäuben und anschwitzen. **2 Lauchzwiebeln** waschen, putzen und in Ringe schneiden. Beides mischen.

EINTÖPFE UND SUPPEN

Tomaten-Gulasch-Eintopf

ZUTATEN FÜR 4 PERSONEN
- 1 kg Tomaten (z. B. Rispentomaten)
- 1 Gemüsezwiebel
- 400 g grüne Bohnen
- 500 g Kartoffeln
- 600 g gemischtes Gulasch
- 2 EL Olivenöl
- Salz • Pfeffer
- 2 EL Tomatenmark
- 1 TL getrockneter Thymian • Zucker
- 3–4 Stiele Petersilie

1 Tomaten waschen und grob würfeln. Zwiebel schälen und in Spalten schneiden. Bohnen waschen, putzen und in Stücke schneiden. Kartoffeln schälen, waschen und in Stücke schneiden. Fleisch trocken tupfen und evtl. etwas kleiner würfeln.

2 Öl in einem Schmortopf erhitzen. Fleisch darin portionsweise rundherum kräftig anbraten. Mit Salz und Pfeffer würzen. Zwiebel kurz mitbraten. Tomatenmark mit anschwitzen. Kartoffeln, Bohnen und Tomaten zugeben. Mit Salz, Pfeffer und Thymian würzen. Ca. 500 ml Wasser angießen und zugedeckt ca. 1 ¼ Stunden schmoren.

3 Gulasch mit Salz, Pfeffer und 1 Prise Zucker abschmecken. Petersilie waschen, Blättchen fein hacken und unterrühren.

ZUBEREITUNGSZEIT 1 ¾ Std.
PORTION ca. 370 kcal
E 39 g · F 10 g · KH 28 g

GUT ZU WISSEN

Die Tomatensäure verzögert den Garprozess der grünen Bohnen. Deshalb werden die Bohnen von Anfang an mitgegart.

EINTÖPFE UND SUPPEN

Grüne Minestrone

ZUTATEN FÜR 4 PERSONEN
- 1 Kohlrabi
- 3 Möhren
- 100 g Zuckerschoten
- 1 Zwiebel
- 1 EL Olivenöl
- 2–3 TL Gemüsebrühe (instant)
- 125 g TK-Erbsen
- 4 EL Pesto (Glas)
- Salz ♥ Pfeffer

1 Kohlrabi schälen, waschen, halbieren und in dünne Spalten schneiden. Möhren schälen, waschen und würfeln. Zuckerschoten waschen, putzen und schräg halbieren. Zwiebel schälen und fein würfeln.

2 Öl in einem Topf erhitzen. Zwiebel darin glasig dünsten. Möhren und Kohlrabi mit andünsten. Ca. 1 l Wasser zugießen, aufkochen und Brühe einrühren. Zugedeckt ca. 25 Minuten köcheln.

3 Zuckerschoten und gefrorene Erbsen ca. 5 Minuten vor Ende der Garzeit in die Suppe geben, mitgaren. Pesto einrühren. Suppe mit Salz und Pfeffer abschmecken.

ZUBEREITUNGSZEIT ca. 45 Min.
PORTION ca. 150 kcal
E 6 g · F 8 g · KH 11 g

Vegetarisch

Feine Fischsuppe

ZUTATEN FÜR 4 PERSONEN
- 500 g Möhren
- 2 Stangen Porree
- 600 g Kartoffeln
- 2 EL Öl
- 1 EL Senfkörner
- 100 ml trockener Weißwein
- 4 TL Gemüsebrühe (instant)
- 200 g Schlagsahne
- Salz ♥ Pfeffer ♥ Muskat
- 800 g Seelachsfilet
- 5 Stiele Dill
- 1 Bio-Orange
- ¼-½ TL Chiliflocken
- 3 EL Schmand

1 Möhren schälen, waschen und in Scheiben schneiden. Porree putzen, waschen und in Ringe schneiden. Kartoffeln schälen, waschen und in Würfel schneiden.

2 Öl in einem Topf erhitzen. Senfkörner darin ca. 2 Minuten anrösten. Kartoffeln zufügen und ca. 5 Minuten andünsten. Möhren zufügen und weitere ca. 4 Minuten dünsten. Mit Wein ablöschen. 1,5 l Wasser zugießen und aufkochen. Brühe einrühren. Sahne und Porree zufügen. Zugedeckt ca. 20 Minuten bei schwacher Hitze köcheln. Mit Salz, Pfeffer, Muskat abschmecken.

3 Fisch abspülen, trocken tupfen und in grobe Würfel schneiden. Dill waschen, Fähnchen abzupfen und fein schneiden. Orange heiß waschen. Schale fein abreiben, Orange auspressen. Dill, Orangenschale, -saft und Chiliflocken mischen. Fisch darin wenden und vorsichtig unter den Eintopf heben. Topf vom Herd nehmen, Fisch darin ca. 5 Minuten ziehen lassen. Suppe mit Schmandklecks servieren.

ZUBEREITUNGSZEIT ca. 45 Min.
PORTION ca. 640 kcal
E 47 g · F 32 g · KH 33 g

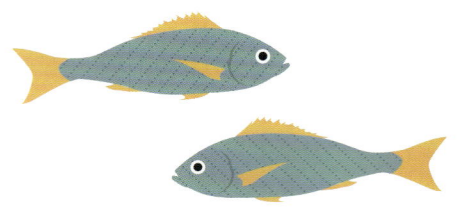

EINTÖPFE UND SUPPEN

Persischer Grünkohltopf

ZUTATEN FÜR 4 PERSONEN
- 1 kg Grünkohl
- 1 Zwiebel
- 2 Knoblauchzehen
- 4 EL Pinienkerne
- 3 EL Öl
- 3–4 TL Gemüsebrühe (instant)
- 125 g Perlgraupen
- 100 g Rosinen
- Salz ♥ Pfeffer
- 2 TL Curry
- gemahlener Kreuzkümmel

1 Grünkohl verlesen, von den dicken Blattrippen zupfen und gründlich waschen. Portionsweise mit kochendem Wasser übergießen und blanchieren. Abtropfen, etwas abkühlen lassen und grob hacken. Zwiebel und Knoblauch schälen und fein würfeln.

2 Pinienkerne in einem großen Topf ohne Fett goldbraun rösten. Herausnehmen. Öl in einem Topf erhitzen. Zwiebel und Knoblauch darin andünsten. Grünkohl zufügen und kurz mitdünsten. Mit 1 l Wasser ablöschen und aufkochen. Brühe einrühren. Graupen und Rosinen abspülen und zufügen. Alles mit Salz und Pfeffer würzen. Bei schwacher Hitze ca. 30 Minuten garen, dabei ab und zu umrühren.

3 Pinienkerne kurz vor Ende der Garzeit zum Grünkohl geben. Grünkohltopf mit Salz, Pfeffer, Curry und etwas Kreuzkümmel abschmecken. Dazu schmeckt Crème fraîche.

ZUBEREITUNGSZEIT ca. 1 Std.
PORTION ca. 420 kcal
E 14 g · F 19 g · KH 46 g

EINTÖPFE UND SUPPEN

vegetarisch

Gemüsetopf Primavera

ZUTATEN FÜR 4 PERSONEN
- 1 Gemüsezwiebel
- 2 Knoblauchzehen
- 2 große Möhren
- 2 Stangen Staudensellerie
- 350 g grüne Bohnen
- 3 Tomaten
- 3 Stiele Thymian
- 3 EL Olivenöl
- 1 EL Tomatenmark
- 2 Lorbeerblätter
- 3–4 TL Gemüsebrühe (instant)
- 1 Dose (425 ml) weiße Bohnenkerne
- Salz • Pfeffer

1 Zwiebel und Knoblauch schälen. Zwiebel grob, Knoblauch fein würfeln. Möhren und Sellerie schälen bzw. putzen, waschen und in Scheiben schneiden. Grüne Bohnen waschen, putzen und in Stücke schneiden. Tomaten waschen und vierteln. Thymian waschen und die Blättchen abzupfen.

2 Öl in einem Topf erhitzen. Zwiebel und Knoblauch darin andünsten. Tomatenmark kurz mit anschwitzen. Thymian, Lorbeerblätter und 1,5 l Wasser zufügen, aufkochen. Brühe einrühren. Vorbereitetes Gemüse zufügen und zugedeckt 20–25 Minuten garen.

3 Bohnenkerne abgießen, abspülen und abtropfen lassen. In den Eintopf geben und ca. 5 Minuten weiterköcheln. Eintopf mit Salz und Pfeffer abschmecken. Dazu schmeckt ein rustikales Bauernbrot.

ZUBEREITUNGSZEIT ca. 45 Min.
PORTION ca. 200 kcal
E 9 g · F 6 g · KH 25 g

EINTÖPFE UND SUPPEN

Erbsensuppe mit Wiener Würstchen

ZUTATEN FÜR 4 PERSONEN
- 2 Zwiebeln
- 1 Bund Suppengrün
- 4 Kartoffeln
- 1 Schinkenknochen (ca. 750 g; evtl. beim Fleischer vorbestellen)
- 200 g geräucherter durchwachsener Speck
- 300 g getrocknete grüne Erbsen (ungeschält)
- 8 schwarze Pfefferkörner
- 2 Lorbeerblätter
- 2 Stiele Petersilie
- Salz ♥ Pfeffer ♥ Zucker
- 4 Wiener Würstchen (à ca. 100 g)

1 Zwiebeln schälen und würfeln. Suppengrün putzen bzw. schälen und waschen. Petersilienwurzel in Scheiben und Porree in Ringe schneiden. Möhren und Sellerie fein würfeln. Kartoffeln schälen, waschen und in Würfel schneiden. Schinkenknochen waschen.

2 Knochen, Suppengrün, Zwiebeln, Kartoffeln, Speck, Erbsen, Pfefferkörner und Lorbeer in einen großen Topf geben. 2 l Wasser zugießen, aufkochen und zugedeckt ca. 3 Stunden garen. Gelegentlich umrühren.

3 Knochen und Speck aus der Suppe nehmen. Petersilie waschen, Blättchen abzupfen und hacken. Suppe mit Salz, Pfeffer und 1 Prise Zucker abschmecken. Speck würfeln. Mit Würstchen in die Suppe geben und erhitzen. Mit Petersilie bestreuen.

ZUBEREITUNGSZEIT ca. 3¾ Std.
PORTION ca. 510 kcal
E 46 g · F 31 g · KH 55 g

AUS DEM VORRAT

Die Suppe schmeckt statt mit grünen auch mit gelben Erbsen. Sie können auch geschälte Erbsen nehmen, sie zerfallen beim Kochen etwas stärker.

EINTÖPFE UND SUPPEN

Wirsingtopf mit Mettenden

ZUTATEN FÜR 4 PERSONEN
- 1 Kopf (ca. 1 kg) Wirsing
- 2 Zwiebeln
- 600 g Kartoffeln
- 200 g geräucherter durchwachsener Speck
- 1 EL Öl
- 1 TL Senfkörner
- 3 Mettenden (à ca. 80 g)
- Salz • Pfeffer

1 Wirsing putzen, waschen, vierteln und in Streifen vom Strunk schneiden (s. Tipp). Zwiebeln schälen und würfeln. Kartoffeln schälen, waschen und je nach Größe halbieren oder vierteln. Speck in kurze Streifen schneiden.

2 Öl in einem großen Topf erhitzen, Speck und Zwiebel darin leicht anbraten. Wirsing, Kartoffeln, Senfkörner und 1 l Wasser zufügen. Alles aufkochen und zugedeckt ca. 30 Minuten köcheln. Mettenden in Stücke schneiden, nach ca. 15 Minuten zufügen und mitgaren. Wirsingtopf mit Salz und Pfeffer würzen.

ZUBEREITUNGSZEIT ca. 45 Min.
PORTION ca. 560 kcal
E 21 g · F 39 g · KH 26 g

DER TRICK BEIM SCHNEIDEN
Beim Putzen des Wirsings den Strunk nicht entfernen. Er hält die Blätter zusammen. Wirsing dann in feinen Streifen vom Strunk herunterschneiden.

EINTÖPFE UND SUPPEN

Rosenkohleintopf mit Kasseler

ZUTATEN FÜR 4 PERSONEN
- 1 Zwiebel
- 500 g Kasselerkotelett auf Knochen
- 1 kg Rosenkohl
- 500 g Möhren
- 750 g vorwiegend festkochende Kartoffeln
- Salz ♥ Pfeffer
- Muskat

1 Zwiebel schälen und grob würfeln. Kasseler abspülen. Kasseler, Zwiebel und ca. 1,5 l Wasser aufkochen. Zugedeckt ca. 45 Minuten köcheln.

2 Rosenkohl putzen (s. Tipp), waschen und abtropfen lassen. Möhren schälen, waschen und in Stifte schneiden. Kartoffeln schälen, waschen und in kleine Würfel schneiden.

3 Kartoffeln nach ca. 15 Minuten, Gemüse nach ca. 30 Minuten zum Kasseler geben und zu Ende garen. Kasseler mit einer Schaumkelle aus der Brühe heben. Fleisch vom Knochen schneiden, würfeln und wieder in den Topf geben. Eintopf ca. 5 Minuten weiterköcheln. Mit Salz, Pfeffer und Muskat abschmecken.

ZUBEREITUNGSZEIT ca. 1 Std.
PORTION ca. 340 kcal
E 39 g · F 3 g · KH 36 g

PROFI-TIPP Rosenkohl vor dem Kochen an den Stielen kreuzweise einschneiden, dann garen die Röschen gleichmäßiger.

EINTÖPFE UND SUPPEN

Herzhafter Kartoffel-Wurst-Topf

ZUTATEN FÜR 4 PERSONEN
- 250 g Chorizo (Paprikawurst; ersatzweise Bauernsalami)
- 250 g Fleischwurst
- 1 kg Rosenkohl
- 1 Zwiebel
- 1 kg Kartoffeln
- 1 EL Öl
- ½–1 TL Rosenpaprika
- 2 EL Tomatenmark
- 2–3 TL Gemüsebrühe (instant)
- 2–3 Lauchzwiebeln
- Salz ♥ Pfeffer ♥ Zucker

1 Haut der Würste abziehen. Chorizo in Scheiben schneiden. Fleischwurst klein schneiden. Rosenkohl putzen, waschen und je nach Größe eventuell halbieren. Zwiebel schälen und fein würfeln. Kartoffeln schälen, waschen und grob würfeln.

2 Öl in einem großen Topf erhitzen. Chorizo darin anbraten. Fleischwurst und Zwiebel kurz mitbraten. Mit Rosenpaprika bestäuben. Tomatenmark zufügen und beides kurz anschwitzen. Kartoffeln und Rosenkohl zugeben. 1,25–1,5 l Wasser angießen. Alles aufkochen, Brühe einrühren. Zugedeckt ca. 30 Minuten köcheln.

3 Lauchzwiebeln putzen, waschen und in sehr feine Ringe schneiden. In den Eintopf rühren. Mit Salz, Pfeffer und 1 Prise Zucker abschmecken.

ZUBEREITUNGSZEIT ca. 1 ¼ Std.
PORTION ca. 690 kcal
E 34 g · F 41 g · KH 42 g

RICHTIG WÜRZEN

Spanische Chorizo gibt's mild (dulce) und scharf (picante). Wenn Sie die scharfe Wurst nehmen, eventuell etwas weniger Rosenpaprika verwenden.

EINTÖPFE UND SUPPEN

Texas-Eintopf mit Crème fraîche

ZUTATEN FÜR 4 PERSONEN
- 2 rote Paprikaschoten
- 2 Zwiebeln ♥ 1 Knoblauchzehe
- 4 feine ungebrühte Kalbsbratwürste (à ca. 100 g)
- 2 EL Öl
- 2 EL Tomatenmark
- 1–2 TL Gemüsebrühe (instant)
- 300 g TK-grüne-Bohnen
- Salz ♥ Pfeffer
- 2 Dosen (à 425 ml) stückige Tomaten
- 1 Dose (425 ml) Kidneybohnen
- 1 Dose (425 ml) Mais
- 1 Bund Lauchzwiebeln
- 100 g Crème fraîche
- 100 g Tortillachips

1 Paprika putzen, waschen und in Stücke schneiden. Zwiebeln und Knoblauch schälen und fein würfeln. Bratwurstbrät als kleine Bällchen (ca. 20 Stück) aus der Haut drücken.

2 Öl in einem Schmortopf erhitzen. Brätbällchen darin ca. 5 Minuten anbraten. Herausnehmen. Zwiebeln, Knoblauch und Paprika im Bratfett kurz anschmoren. Tomatenmark einrühren und kurz anschwitzen. Ca. 400 ml Wasser zugießen und aufkochen. Brühe einrühren. Gefrorene Bohnen zugeben und ca. 5 Minuten köcheln. Mit Salz und Pfeffer würzen. Tomaten zugeben und alles ca. 20 Minuten weiterköcheln.

3 Kidneybohnen in ein Sieb gießen, abspülen und abtropfen lassen. Mais abgießen. Lauchzwiebeln putzen, waschen und in grobe Stücke schneiden. Kidneybohnen, Mais, Lauchzwiebeln und Brätbällchen ca. 5 Minuten vor Ende der Garzeit in die Suppe geben und mitkochen.

4 Eintopf mit Salz und Pfeffer abschmecken. Crème fraîche und Tortillachips dazu reichen.

ZUBEREITUNGSZEIT ca. 50 Min.
PORTION ca. 750 kcal
E 24 g · F 46 g · KH 56 g

EINTÖPFE UND SUPPEN

Graupeneintopf mit Rindfleisch & Wirsing

ZUTATEN FÜR 4 PERSONEN
- 1 Stange Porree
- 4 große Möhren
- 1 kleine Sellerieknolle
- 2 Zwiebeln
- 1 Rinderbeinscheibe (ca. 400 g)
- 250 g geräucherter durchwachsener Speck
- 2 Lorbeerblätter
- 1 TL schwarze Pfefferkörner
- 4 Gewürznelken ♥ Salz
- 250 g Perlgraupen
- 500 g Wirsing ♥ Pfeffer

1 Porree, Möhren und Sellerie putzen bzw. schälen, waschen und jeweils die Hälfte in grobe Stücke schneiden. Zwiebeln halbieren. Beinscheibe abspülen. Mit Speck, Zwiebeln, Gemüsestücken, Lorbeer, Pfefferkörnern, Nelken, 2 TL Salz und gut 2,5 l kaltem Wasser in einem großen Topf aufkochen, dabei entstehenden Schaum abschöpfen. Zugedeckt ca. 2 Stunden köcheln.

2 Graupen in einem Sieb abspülen und abtropfen lassen. Wirsing putzen, waschen und in Streifen vom Strunk schneiden. Rest Porree, Möhren und Sellerie klein schneiden.

3 Fleisch aus der Brühe nehmen. Brühe durchsieben und erneut aufkochen. Graupen und vorbereitetes Gemüse darin zugedeckt ca. 30 Minuten köcheln.

4 Inzwischen Fleisch vom Knochen bzw. der Schwarte lösen, klein schneiden und wieder in die Suppe geben. Suppe mit Salz und Pfeffer abschmecken.

ZUBEREITUNGSZEIT ca. 2 ¾ Std.
PORTION ca. 510 kcal
E 28 g · F 17 g · KH 59 g

EINTÖPFE UND SUPPEN

Deftiger Wintereintopf

ZUTATEN FÜR 4 PERSONEN
- 1 Zwiebel
- 2 Stangen Porree
- ½ Knollensellerie (ca. 300 g)
- 3 Pastinaken (ca. 300 g)
- 2 EL Öl
- 4 TL Gemüsebrühe (instant)
- 500 g Kasselerkotelett auf Knochen
- 2 Lorbeerblätter
- 1 EL getrockneter Majoran
- Salz ♥ Pfeffer

1 Zwiebel schälen und in feine Würfel schneiden. Porree putzen, waschen und in Ringe schneiden. Sellerie und Pastinaken schälen und waschen. Sellerie fein würfeln, Pastinaken je nach Größe längs halbieren und in Scheiben schneiden.

2 Öl in einem großen Topf erhitzen. Zwiebel, Porree, Sellerie und Pastinaken darin unter Rühren kurz andünsten. Mit 1,5 l Wasser ablöschen und aufkochen. Brühe einrühren. Kasseler abspülen und zugeben. Lorbeer und Majoran zufügen, mit Salz und Pfeffer würzen. Aufkochen und zugedeckt ca. 45 Minuten garen.

3 Fleisch aus dem Topf nehmen und etwas abkühlen lassen. Fleisch vom Knochen lösen und in kleine Würfel schneiden. Fleisch in den Eintopf geben und erhitzen. Eintopf mit Salz und Pfeffer abschmecken. Dazu passt rustikales Bauernbrot.

ZUBEREITUNGSZEIT ca. 1 ¼ Std.
PORTION ca. 290 kcal
E 25 g · F 13 g · KH 16 g

EINTÖPFE UND SUPPEN

Balsamicolinsen mit Kasseler und Ciabatta

ZUTATEN FÜR 4 PERSONEN
- 2 Ciabatta-Brötchen oder ½ Ciabatta
- 3–4 EL Öl
- 300 g ausgelöstes Kasselerkotelett
- 1 große Stange Porree
- 1 Dose (850 ml) Linsen
- 1 TL Gemüsebrühe (instant)
- 4 Stiele Basilikum
- Salz • Pfeffer
- 4–5 EL Balsamico-Essig

1 Ciabatta in 6–9 Scheiben schneiden. 2–3 EL Öl in einem weiten Topf erhitzen. Brotscheiben darin in 2 Portionen von jeder Seite goldbraun rösten. Herausnehmen.

2 Kasseler trocken tupfen und in kleine Würfel schneiden. 1 EL Öl in dem Topf erhitzen und Fleischwürfel darin anbraten. Porree putzen, waschen, in Ringe schneiden und kurz mitdünsten.

3 Linsen zufügen. 375 ml Wasser zugießen, aufkochen und Brühe einrühren. Zugedeckt ca. 10 Minuten köcheln.

4 Basilikum waschen, Blättchen abzupfen und in Streifen schneiden. Linsen mit Salz, Pfeffer und Balsamico-Essig abschmecken. Mit Ciabatta und Basilikum anrichten.

ZUBEREITUNGSZEIT ca. 30 Min.
PORTION ca. 690 kcal
E 52 g · F 16 g · KH 80 g

EINTÖPFE UND SUPPEN

Hähnchentopf mit Zuckerschoten

ZUTATEN FÜR 4 PERSONEN
- 2 Hähnchenbrüste mit Haut und Knochen (ca. 750 g)
- 1 Zwiebel ♥ Salz
- 1 Lorbeerblatt
- 1 TL Pfefferkörner
- 2 Stangen Porree
- 1 Dose (425 ml) weiße Riesenbohnen
- 200 g Zuckerschoten
- 2 EL Öl ♥ Pfeffer
- 100 g Schlagsahne

1 Fleisch abspülen. Zwiebel schälen und vierteln. Fleisch und Zwiebelviertel mit ½ TL Salz, Lorbeer, Pfefferkörnern und 1 l Wasser in einen großen Topf geben. Alles aufkochen, dabei entstehenden Schaum abschöpfen. Zugedeckt ca. 40 Minuten köcheln.

2 Inzwischen Porree putzen, gründlich waschen und in Ringe schneiden. Bohnen abspülen und gut abtropfen lassen. Zuckerschoten waschen und putzen.

3 Fleisch aus der Brühe heben und etwas abkühlen lassen. Brühe durch ein feines Sieb gießen und auffangen. Fleisch von Haut und Knochen lösen und in mundgerechte Stücke schneiden.

4 Öl in dem Topf erhitzen. Fleisch darin ca. 5 Minuten rundherum goldbraun anbraten. Mit Salz und Pfeffer würzen. Porree zufügen und ca. 2 Minuten mitbraten. Brühe angießen und aufkochen. Zugedeckt ca. 10 Minuten köcheln. Bohnen und Zuckerschoten zufügen und ca. 5 Minuten weiterköcheln. Sahne einrühren und den Hähnchentopf mit Salz und Pfeffer abschmecken. Dazu schmeckt Brot.

ZUBEREITUNGSZEIT ca. 1 Std.
PORTION ca. 390 kcal
E 34 g · F 22 g · KH 11 g

Gulasch & Ragout

Schmorgerichte verwöhnen die Seele. Freuen Sie sich auf beliebte Rezepte mit Fleisch, Hack oder Wurst in würziger Soße!

GULASCH & RAGOUT

Gemüse-Wurst-Gulasch in Tomatensoße

ZUTATEN FÜR 4 PERSONEN
- 750 g Kartoffeln
- 2 Stangen Porree
- 4–5 Mettenden (ca. 400 g)
- 3–4 EL Öl
- Salz ♥ Pfeffer
- 1 EL Edelsüßpaprika ♥ Zucker
- 1 EL Tomatenmark
- 500 g passierte Tomaten
- ½ Bund Schnittlauch

1 Kartoffeln schälen, waschen und in grobe Würfel schneiden. Porree putzen, waschen und in dünne Ringe schneiden. Mettenden in Scheiben schneiden.

2 Öl in einem Bräter erhitzen. Wurstscheiben darin kräftig anbraten. Herausnehmen. Kartoffeln und Porree im Bratfett kräftig anbraten. Mit Salz, Pfeffer, Edelsüßpaprika und 1 Prise Zucker würzen. Tomatenmark zufügen und kurz anschwitzen. Wurstscheiben unterheben. Alles mit ca. 400 ml Wasser ablöschen. Aufkochen und zugedeckt ca. 15 Minuten schmoren. Tomaten zufügen, erneut aufkochen und ca. 5 Minuten weiterschmoren.

3 Inzwischen Schnittlauch waschen und in feine Röllchen schneiden. Gulasch mit Salz und Pfeffer abschmecken und mit Schnittlauch bestreuen.

ZUBEREITUNGSZEIT ca. 30 Min.
PORTION ca. 560 kcal
E 25 g · F 35 g · KH 32 g

GULASCH & RAGOUT

Knoblauch-Lamm-Gulasch

ZUTATEN FÜR 6–8 PERSONEN
- 1 ausgelöste magere Lammkeule (ca. 2 kg)
- 2 Gemüsezwiebeln (ca. 700 g)
- 3 junge Knoblauchknollen
- 3 Zweige Rosmarin
- 4 EL Olivenöl
- Salz • Pfeffer
- 300 g Kirschtomaten
- 5 Stiele glatte Petersilie

1 Fleisch abspülen, trocken tupfen und in ca. 5 cm große Stücke schneiden. Zwiebeln schälen und in Spalten schneiden. Knoblauchzehen aus der Knolle lösen, aber nicht schälen. Rosmarin waschen und trocken schütteln.

2 Öl in einem ofenfesten Bräter erhitzen. Fleisch kräftig anbraten. Zwiebeln und Knoblauch kurz mitbraten, mit Salz und Pfeffer würzen. 1 l heißes Wasser angießen, Rosmarin zufügen. Alles aufkochen und im vorgeheizten Backofen (E-Herd: 180 °C/Umluft: 160 °C/Gas: s. Hersteller) zugedeckt 1½–1¾ Stunden schmoren.

3 Tomaten waschen, zum Fleisch geben und ca. 15 Minuten weiterschmoren. Petersilie waschen, Blättchen abzupfen, hacken und dazugeben. Gulasch mit Salz und Pfeffer abschmecken. Dazu passt Fladenbrot.

ZUBEREITUNGSZEIT ca. 2½ Std.
PORTION ca. 720 kcal
E 53 g · F 46 g · KH 18 g

Dazu schmeckt Minzjoghurt

5 Stiele Minze waschen, Blättchen fein hacken. **750 g cremigen Vollmilchjoghurt**, Minze, **abgeriebene Schale und Saft von 1 Zitrone, 3 EL Olivenöl, Salz, Pfeffer** und **1 Prise Zucker** verrühren.

Hirschgulasch mit Zartbitterschokolade

ZUTATEN FÜR 4 PERSONEN
- ♥ 4 Zwiebeln
- ♥ 800 g Hirschgulasch
- ♥ 2 EL Öl
- ♥ 75 g Speckwürfel
- ♥ Salz ♥ Pfeffer
- ♥ 1 EL Tomatenmark
- ♥ 2 EL Mehl
- ♥ 250 ml trockener Rotwein
- ♥ 5 EL Cognac
- ♥ 2 Lorbeerblätter
- ♥ 6 Wacholderbeeren
- ♥ ½ TL gemahlener Piment
- ♥ ½ Staude (ca. 250 g) Stangensellerie
- ♥ 4 große Möhren
- ♥ 50 g Zartbitterschokolade
- ♥ 2 EL Johannisbeergelee

1 Zwiebeln schälen und in grobe Würfel schneiden. Fleisch trocken tupfen. Öl in einem Schmortopf oder Bräter erhitzen. Speck darin knusprig braten. Herausnehmen und beiseitestellen. Gulasch portionsweise im heißen Bratfett rundherum kräftig anbraten. Mit Salz und Pfeffer würzen. Zwiebeln zufügen und kurz mitbraten.

2 Gesamtes Fleisch wieder in den Topf geben. Tomatenmark zugeben und kurz anschwitzen. Mit Mehl bestäuben und kurz anschwitzen. Mit Wein und Cognac ablöschen, aufkochen. 750 ml Wasser dazugießen. Lorbeer, Wacholderbeeren und Piment zufügen. Gulasch zugedeckt ca. 1 ½ Stunden schmoren.

3 Stangensellerie waschen, putzen und in Stücke schneiden. Möhren putzen, schälen und in Scheiben schneiden. Schokolade in Stücke teilen. Speck, Sellerie, Möhren, Schokolade und Gelee ca. 20 Minuten vor Ende der Garzeit zum Gulasch geben. Gulasch mit Salz und Pfeffer abschmecken. Dazu schmeckt Kartoffelpüree.

ZUBEREITUNGSZEIT ca. 2 Std.
PORTION ca. 560 kcal
E 51 g · F 14 g · KH 35 g

GULASCH & RAGOUT

Szegediner Kasselergulasch

ZUTATEN FÜR 6 PERSONEN
- 1 kg ausgelöster Kasselernacken
- 3 Zwiebeln
- 1 Glas (370 ml) geröstete rote Paprika
- 1,2 kg Kartoffeln
- 3–4 EL Öl
- 3 Lorbeerblätter
- Pfeffer • Zucker • Salz
- 1 Dose (850 ml) Sauerkraut
- 1 EL Kümmel
- 4 Stiele Petersilie

1 Fleisch trocken tupfen und in Würfel schneiden. Zwiebeln schälen und grob würfeln. Paprika in ein Sieb gießen, abtropfen lassen und grob würfeln. Kartoffeln schälen, waschen und je nach Größe halbieren oder vierteln.

2 Öl in einem Bräter erhitzen. Fleisch darin in 2 Portionen unter Wenden kräftig anbraten. Kartoffeln, Lorbeer und Zwiebeln zufügen und kurz mitbraten. Mit Pfeffer, 1 TL Zucker und etwas Salz würzen. Sauerkraut zerzupfen und zufügen. Mit 900 ml Wasser ablöschen und aufkochen. Kümmel und Hälfte Paprika zufügen. Alles zugedeckt ca. 45 Minuten schmoren, dabei ab und zu umrühren.

3 Ca. 5 Minuten vor Ende der Schmorzeit Rest Paprika zufügen. Petersilie waschen und fein hacken. Gulasch mit Salz, Pfeffer und Zucker abschmecken. Mit Petersilie bestreut anrichten.

ZUBEREITUNGSZEIT ca. 1 ¼ Std.
PORTION ca. 470 kcal
E 41 g • F 18 g • KH 31 g

Bœuf bourguignon

ZUTATEN FÜR 8 PERSONEN
- 1,5 kg Rindfleisch (Keule)
- 400 g geräucherter durchwachsener Speck
- 300 g Zwiebeln
- 4 Knoblauchzehen
- 1–2 EL Butterschmalz
- Salz ♥ Pfeffer ♥ 2 EL Mehl
- 750 ml Rotwein (z. B. Burgunder)
- 8 EL Marc de Bourgogne (französischer Tresterbrand; ersatzweise Cognac)
- 4 Zweige Rosmarin
- 1 Bund Oregano
- 4 Lorbeerblätter
- 500 g Möhren
- 500 g Champignons

1 Fleisch trocken tupfen und in große Würfel (ca. 5 x 5 cm) schneiden. Speck in Streifen schneiden. Zwiebeln und Knoblauch schälen und grob würfeln.

2 Speck in einem Bräter auslassen und herausnehmen. Butterschmalz im heißen Speckfett erhitzen und das Fleisch darin portionsweise ca. 5 Minuten kräftig anbraten. Mit Salz und Pfeffer würzen. Gesamtes Fleisch, Speck, Zwiebeln und Knoblauch in den Bräter geben und ca. 5 Minuten weiterbraten. Mehl darüberstäuben und 3–4 Minuten anschwitzen.

3 Rotwein und Marc de Bourgogne angießen und den Bratensatz unter Rühren lösen. Rosmarin und Oregano waschen. Kräuter und Lorbeer zum Fleisch geben. Alles aufkochen und zugedeckt ca. 2 Stunden schmoren. Nach ca. 45 Minuten nach und nach ca. 750 ml Wasser zugießen.

4 Möhren schälen, waschen und in Stücke schneiden. Pilze putzen, waschen und je nach Größe halbieren oder vierteln. Beides zum Fleisch geben und weitere 30 Minuten schmoren. Bœuf bourguignon abschmecken und anrichten. Dazu schmeckt Baguette.

ZUBEREITUNGSZEIT ca. 3½ Std.
PORTION ca. 690 kcal
E 46 g · F 42 g · KH 5 g

AUF VORRAT

Über Nacht in der Soße durchgezogen schmeckt das Fleisch sogar noch köstlicher. Das Bœuf bourguignon können Sie also auch gut am Vortag kochen.

GULASCH & RAGOUT

Gulaschtopf mit Knöpfle*

ZUTATEN FÜR 4 PERSONEN
- 2 Zwiebeln
- 400 g Schweinehüfte
- 400 g Rindfleisch aus der Unterschale
- 1 EL Butterschmalz
- 1 TL Edelsüßpaprika ♥ Salz ♥ Pfeffer
- 2 EL Tomatenmark ♥ 1 EL Mehl
- 100 ml trockener Rotwein
- 1 Dose (425 ml) stückige Tomaten
- 4 TL Gemüsebrühe (instant)
- 3 Paprikaschoten (z. B. grün, gelb und rot)
- 3 Stiele Petersilie ♥ Chilipulver
- 200 g frische Eierknöpfe (Kühlregal)
- 4 EL Schmand

1 Zwiebeln schälen und in Streifen schneiden. Fleisch trocken tupfen und in kleine Würfel schneiden. Butterschmalz in einem Topf erhitzen. Fleisch darin portionsweise kräftig anbraten. Zwiebeln zum Schluss kurz mitbraten.

2 Gesamtes Fleisch wieder in den Topf geben. Mit Edelsüßpaprika, Salz und Pfeffer würzen. Tomatenmark einrühren. Mehl darüberstäuben und kurz anschwitzen. Mit Wein ablöschen und aufkochen. Tomaten, 1 l Wasser und Brühe einrühren. Aufkochen und zugedeckt ca. 1 ¼ Stunden schmoren.

3 Paprika putzen, waschen und in Streifen schneiden. Ca. 30 Minuten vor Ende der Garzeit zum Fleisch geben und mitgaren.

4 Petersilie waschen, Blättchen fein hacken. Gulaschsuppe mit Salz, Pfeffer und Chili abschmecken. Knöpfle zufügen und ca. 2 Minuten erhitzen. Petersilie einrühren. Schmand dazu reichen.

ZUBEREITUNGSZEIT ca. 1 ½ Std.
PORTION ca. 510 kcal
E 51 g · F 18 g · KH 24 g

*Knöpfle sind eine schwäbische Spezialität. Als Basis dient der gleiche Teig wie für Spätzle. Knöpfle sind aber kürzer und haben ihren Namen, weil sie wie kleine Knöpfe aussehen.

GULASCH & RAGOUT

Kasselertopf mit Senfgurken

ZUTATEN FÜR 4 PERSONEN
- 3 Möhren
- 500 g Weißkohl
- 800 g ausgelöster Kasselernacken
- 2 EL Öl ♥ Pfeffer
- 1 TL Mehl
- 1 EL Gemüsebrühe (instant)
- 1 Glas (370 ml) Senfgurken
- 2 EL körniger Senf
- 100 g Schlagsahne ♥ Salz
- 1 Beet Kresse

1 Möhren schälen, waschen und in Stücke schneiden. Kohl putzen, waschen und in breiten Streifen vom Strunk schneiden. Kasseler trocken tupfen und in Würfel schneiden.

2 Öl in einem großen Bräter erhitzen, Fleisch darin in 2 Portionen kräftig anbraten. Herausnehmen. Möhren und Kohl im Bratfett kurz andünsten, mit Pfeffer würzen. Fleisch wieder in den Bräter geben. Mit Mehl bestäuben. Unter Rühren mit ca. 750 ml Wasser ablöschen. Brühe einrühren. Alles aufkochen und zugedeckt ca. 40 Minuten köcheln.

3 Senfgurken abtropfen lassen. Mit Senf und Sahne unter das Gulasch rühren und kurz erhitzen. Gulasch mit Salz und Pfeffer abschmecken. Kresse vom Beet schneiden und unterrühren. Dazu schmecken Schupfnudeln.

ZUBEREITUNGSZEIT ca. 1 Std.
PORTION ca. 520 kcal
E 38 g · F 29 g · KH 22 g

GULASCH & RAGOUT

Tomaten-Rinder-Gulasch

ZUTATEN FÜR 4 PERSONEN
- 750 g Tomaten
- 500 g Kirschtomaten
- 3 große Zwiebeln
- 1 kg Rindergulasch
- 2 EL Öl
- 3 EL Tomatenmark
- 1 EL Mehl
- Salz • Pfeffer • Zucker
- 1 EL Rosenpaprika
- 2–3 EL Balsamicocreme
- 5 Stiele Petersilie
- 200 g Schmand

1 Tomaten waschen und, bis auf die Kirschtomaten, in große Stücke schneiden. Zwiebeln schälen und grob würfeln. Fleisch trocken tupfen.

2 Öl in einem Bräter erhitzen. Fleisch darin rundherum kräftig anbraten. Zwiebeln kurz mitbraten. Tomatenmark einrühren und anschwitzen. Mit Mehl bestäuben und ebenfalls kurz anschwitzen. Tomaten zufügen. Alles mit Salz, Pfeffer, 2 TL Zucker und Rosenpaprika würzen. Mit ca. 500 ml Wasser ablöschen und zugedeckt ca. 1 ½ Stunden schmoren, bis das Fleisch zerfällt.

3 Gulasch mit Salz, Pfeffer und Balsamicocreme abschmecken. Petersilie waschen und fein hacken. Gulasch mit Schmand und Petersilie anrichten. Dazu schmeckt Brot.

ZUBEREITUNGSZEIT ca. 1 ¾ Std.
PORTION ca. 550 kcal
E 59 g · F 26 g · KH 17 g

GULASCH & RAGOUT

Feines Puten-Möhren-Ragout

ZUTATEN FÜR 4 PERSONEN
- 2 Zwiebeln
- 3 Möhren
- 400 g Champignons
- 600 g Putenbrust
- 3 EL Öl
- Salz • Pfeffer
- 2 EL Mehl
- 300 ml Milch
- 2 TL Hühnerbrühe (instant)
- 100 g Schmand
- 1 Bund Schnittlauch

1 Zwiebeln schälen und in Spalten schneiden. Möhren schälen, waschen und in Scheiben schneiden. Pilze putzen, waschen und je nach Größe halbieren oder vierteln. Fleisch abspülen, trocken tupfen und würfeln.

2 Öl portionsweise in einem großen Topf erhitzen. Fleisch darin kräftig anbraten. Mit Salz und Pfeffer würzen, herausnehmen. Pilze und Zwiebeln im heißen Bratfett anbraten. Möhren kurz mit andünsten.

3 Gesamtes Fleisch wieder in den Topf geben. Mehl darüberstäuben und kurz anschwitzen. Milch, 250 ml Wasser und Brühe einrühren. Alles aufkochen und zugedeckt ca. 10 Minuten schmoren. Schmand einrühren.

4 Ragout mit Salz und Pfeffer abschmecken. Schnittlauch waschen, in Röllchen schneiden und ins Ragout rühren. Dazu schmecken Reis oder Kartoffeln.

ZUBEREITUNGSZEIT ca. 30 Min.
PORTION ca. 480 kcal
E 47 g · F 23 g · KH 19 g

GULASCH & RAGOUT

Gulasch à la Stroganoff

ZUTATEN FÜR 4 PERSONEN
- 800 g Rindergulasch
- 40 g geräucherter durchwachsener Speck
- 2 EL Butterschmalz
- Salz • Pfeffer
- 1 EL Tomatenmark
- 1 EL Mehl
- 2 Lorbeerblätter
- 150 g kleine Gewürzgurken
- 100 g Silberzwiebeln (Glas)
- 2 Tomaten
- 2 Stiele Dill
- 1 EL mittelscharfer Senf
- 1 EL Crème fraîche

1 Fleisch trocken tupfen. Speck in Würfel schneiden. Butterschmalz in einem Bräter erhitzen. Fleisch darin ca. 10 Minuten kräftig anbraten. Speck zufügen und kurz mitbraten. Mit Salz und Pfeffer würzen. Tomatenmark unterrühren. Mehl darüberstäuben und anschwitzen. Mit 500 ml Wasser ablöschen. Lorbeer zufügen. Zugedeckt ca. 1¼ Stunden schmoren. Nach ca. 30 Minuten weitere 250 ml Wasser zugießen.

2 Inzwischen Gurken in dünne Scheiben schneiden. Silberzwiebeln abtropfen lassen. Tomaten waschen, vierteln und entkernen. Fruchtfleisch in kleine Würfel schneiden. Dill waschen und die Fähnchen abzupfen.

3 Gurken, Silberzwiebeln, Tomaten und Dill ca. 5 Minuten vor Ende der Garzeit zum Gulasch geben. Senf und Crème fraîche einrühren. Mit Salz und Pfeffer abschmecken. Dazu passen Spätzle oder Salzkartoffeln.

ZUBEREITUNGSZEIT ca. 1¾ Std.
PORTION ca. 370 kcal
E 46 g · F 17 g · KH 8 g

GULASCH & RAGOUT

Hubertustopf mit Chorizo

ZUTATEN FÜR 4 PERSONEN
- 500 g Champignons
- 3 Zwiebeln
- 250 g Knollensellerie
- 1 Stange Porree
- 800 g Kartoffeln
- 250 g Chorizo
- 500 g Schweineschnitzel
- 4 EL Öl
- 2 TL Gemüsebrühe (instant)
- 250 ml Ketchup
- 1 kleines Bund Petersilie
- Salz ♥ Pfeffer

1 Pilze putzen, waschen und halbieren. Zwiebeln schälen und in Streifen schneiden. Sellerie waschen, schälen und würfeln. Porree putzen, waschen und in Streifen schneiden. Kartoffeln schälen, waschen und würfeln. Chorizo in Scheiben schneiden. Fleisch trocken tupfen und in Streifen schneiden.

2 Öl in einem Bräter erhitzen. Fleisch darin portionsweise ca. 5 Minuten anbraten. Herausnehmen. Zwiebeln und Pilze im Bratfett ca. 5 Minuten anbraten. Kartoffeln, Sellerie und Porree dazugeben. Mit 1 l Wasser ablöschen. Brühe und Ketchup einrühren. Fleisch und Wurst in den Bräter geben, aufkochen und ca. 40 Minuten garen.

3 Petersilie waschen, Blättchen fein hacken. Eintopf mit Salz und Pfeffer abschmecken. Petersilie unterrühren. Dazu schmeckt Kräuterschmand.

ZUBEREITUNGSZEIT ca. 1 ½ Std.
PORTION ca. 720 kcal
E 51 g · F 35 g · KH 47 g

GULASCH & RAGOUT

Leichtes Puten-Paprika-Gulasch

ZUTATEN FÜR 4 PERSONEN
- 800 g Putenfilet
- 2 Zwiebeln (z. B. rote)
- 2 Dosen (à 425 ml) Kidneybohnen
- 1 EL Öl ♥ Salz ♥ Pfeffer
- 2 TL Edelsüßpaprika
- 1 TL Rosenpaprika
- 1 Dose (425 ml) stückige Tomaten
- 2 EL Ajvar (pikante Paprikazubereitung; Glas; s. Info)
- 1 Bund Schnittlauch
- 4 TL saure Sahne

1 Fleisch abspülen, trocken tupfen und in Würfel schneiden. Zwiebeln schälen und würfeln. Bohnen in ein Sieb geben, abspülen und abtropfen lassen.

2 Öl in einem Topf erhitzen. Fleisch darin in 2–3 Portionen unter Wenden anbraten. Zwiebeln zufügen und kurz mitbraten. Gesamtes Fleisch wieder in den Topf geben. Mit Salz und Pfeffer würzen. Edelsüß- und Rosenpaprika darüberstäuben und kurz anschwitzen. Bohnen, Tomaten und Ajvar zum Fleisch geben. 250 ml Wasser angießen, aufkochen, alles ca. 15 Minuten schmoren. Mit Salz und Pfeffer abschmecken.

3 Schnittlauch waschen und in Röllchen schneiden. Unter das Gulasch rühren. Gulasch mit saurer Sahne anrichten. Dazu schmecken Tortillawraps oder Fladenbrot.

ZUBEREITUNGSZEIT ca. 40 Min.
PORTION ca. 370 kcal
E 48 g · F 6 g · KH 28 g

AJVAR

Die aromatische Paprikazubereitung stammt aus Südosteuropa. Es gibt sie in mild und scharf. Geröstete, gehäutete rote Paprikaschoten werden mit Öl, Salz und Pfeffer gekocht, bis eine homogene Masse entsteht. Ajvar verleiht Soßen eine würzige Note, schmeckt aber auch als Brotaufstrich.

GULASCH & RAGOUT

Bohnen-Kartoffel-Stifado mit Lamm

ZUTATEN FÜR 6 PERSONEN
- 1 kg Lammfleisch (Keule)
- 3 Zwiebeln
- 3 Knoblauchzehen
- 5 Stiele Thymian
- 3–4 EL Olivenöl
- Salz ♥ Pfeffer
- 1 EL Tomatenmark
- 800 g Schneidebohnen
- 750 g Kartoffeln
- 500 g Tomaten
- 100 g Feta

1 Fleisch trocken tupfen und grob würfeln. Zwiebeln und Knoblauch schälen. Zwiebeln grob würfeln, Knoblauch hacken. Thymian waschen und die Blättchen abzupfen.

2 Öl in einem großen Bräter erhitzen. Fleisch darin portionsweise kräftig anbraten. Mit Salz und Pfeffer würzen. Zwiebeln und Knoblauch kurz mitbraten. 750 ml Wasser, Tomatenmark und Thymian einrühren und aufkochen. Zugedeckt bei schwacher Hitze ca. 1 ¾ Stunden schmoren.

3 Inzwischen Bohnen putzen, waschen und in schräge Stücke schneiden. Kartoffeln schälen, waschen und grob würfeln. Beides nach ca. 1 Stunde Garzeit zum Fleisch geben und mitschmoren.

4 Tomaten waschen und würfeln. Ca. 30 Minuten vor Ende der Garzeit Tomaten zum Stifado geben und alles fertig schmoren. Stifado mit Salz und Pfeffer abschmecken. Feta darüberbröckeln.

ZUBEREITUNGSZEIT ca. 2 Std.
PORTION ca. 630 kcal
E 40 g · F 39 g · KH 25 g

GULASCH & RAGOUT

Schnelles Hähnchen-Erdnuss-Gulasch

ZUTATEN FÜR 4 PERSONEN
- 600 g Hähnchenfilet
- 250 g Champignons
- 200 g Kirschtomaten
- 3 EL Öl ♥ Salz ♥ Pfeffer
- 200 g Schlagsahne
- 3 EL Erdnusscreme
- 5 Stiele Koriander
- 2–3 EL gesalzene geröstete Erdnusskerne
- 3 EL Sojasoße

1 Fleisch abspülen, trocken tupfen und in Würfel schneiden. Pilze waschen, putzen und eventuell halbieren. Kirschtomaten waschen.

2 Öl in einem Topf erhitzen. Fleisch darin rundherum anbraten. Mit Salz und Pfeffer würzen. Herausnehmen. Pilze im heißen Bratfett anbraten. Mit Salz und Pfeffer würzen. 150 ml Wasser, Sahne und Erdnusscreme einrühren, aufkochen. Fleisch und Tomaten zugeben, alles ca. 5 Minuten köcheln.

3 Koriander waschen. Koriander und Nüsse grob hacken. Gulasch mit Sojasoße und Pfeffer abschmecken. Mit Koriander und Nüssen bestreuen. Dazu schmeckt Basmatireis.

ZUBEREITUNGSZEIT ca. 30 Min.
PORTION ca. 500 kcal
E 42 g · F 33 g · KH 5 g

GULASCH & RAGOUT

Salzburger Bierfleisch

ZUTATEN FÜR 4 PERSONEN
- 100 g feines Roggenvollkornbrot
- 3 EL Öl
- 50 g magere Schinkenwürfel
- 750 g gemischtes Gulasch
- 2 Möhren
- ¼ Knollensellerie (ca. 200 g)
- 1 große Zwiebel
- 1 EL Tomatenmark
- 1 EL Mehl
- 500 ml Schwarzbier (oder klare Brühe, instant)
- Salz • Pfeffer
- 1 Lorbeerblatt

1 FÜR DAS TOPPING Brot in feine Würfel schneiden. 1 EL Öl in einem Bräter erhitzen. Brot- und Schinkenwürfel darin unter Wenden 4–5 Minuten knusprig braten. Herausnehmen und beiseitestellen.

2 FÜR DAS BIERFLEISCH Gulasch trocken tupfen. Möhren und Sellerie schälen, waschen, in Stücke schneiden. Zwiebel schälen, halbieren und in Streifen schneiden.

3 Rest Öl in dem Bräter erhitzen. Gulasch darin portionsweise kräftig anbraten, herausnehmen. Gemüse und Zwiebel im Bratfett anbraten. Tomatenmark einrühren, kurz anschwitzen. Gesamtes Fleisch wieder zufügen. Mehl darüberstäuben und anschwitzen. Bier und 250 ml Wasser zugießen, aufkochen. Mit Salz, Pfeffer und Lorbeer würzen. Fleisch zugedeckt ca. 1 ½ Stunden schmoren, dabei gelegentlich umrühren.

4 Fleisch mit Salz und Pfeffer abschmecken. Bierfleisch mit dem Schinkenmix bestreut servieren. Dazu schmecken breite Bandnudeln.

ZUBEREITUNGSZEIT ca. 1 ¾ Std.
PORTION ca. 450 kcal
E 46 g · F 14 g · KH 23 g

GULASCH & RAGOUT

Münsterländer Kutschergulasch

ZUTATEN FÜR 6 PERSONEN
- 1,5 kg gemischtes Gulasch
- 3 Zwiebeln
- 75–100 g geräucherter durchwachsener Speck
- 400 g Champignons
- 2–3 EL Öl
- Salz • Pfeffer
- 3 Scheiben Pumpernickel
- 1 Flasche (0,33 l) dunkles Bier (z. B. Altbier)
- 3 TL klare Brühe (instant)
- 4 Gewürzgurken (Glas)
- 1 Glas (370 ml) Silberzwiebeln
- 100 g Crème fraîche

1 Fleisch trocken tupfen und eventuell kleiner schneiden. Zwiebeln schälen, würfeln. Speck würfeln. Pilze putzen, waschen und je nach Größe halbieren oder vierteln. Öl in einem großen Bräter erhitzen. Fleisch darin portionsweise kräftig anbraten. Mit Salz und Pfeffer würzen. Herausnehmen.

2 Speck, Zwiebeln und Pilze im Bratfett kräftig anbraten. Fleisch zugeben. Pumpernickel darüberbröseln. Mit Bier und ca. 500 ml Wasser ablöschen. Brühe einrühren und aufkochen. Gulasch zugedeckt im vorgeheizten Backofen (E-Herd: 180 °C/Umluft: 160 °C/Gas: s. Hersteller) ca. 2 Stunden schmoren.

3 Gewürzgurken in Scheiben schneiden. Silberzwiebeln abtropfen lassen. Beides ca. 5 Minuten vor Ende der Garzeit zum Gulasch geben und erhitzen. Gulasch mit Salz und Pfeffer abschmecken. Mit Crème fraîche anrichten. Dazu schmecken Salzkartoffeln.

ZUBEREITUNGSZEIT ca. 2 ½ Std.
PORTION ca. 540 kcal
E 56 g · F 29 g · KH 11 g

MIT BIER SCHMOREN Dunkles Bier verleiht dem Gulasch eine raffinierte Note. Wenn Kinder mitessen, können Sie stattdessen Malzbier nehmen. Wichtig: Das Fleisch sollte nicht in Flüssigkeit schwimmen, sondern nur knapp bedeckt sein.

Orientalisches Gulasch

ZUTATEN FÜR 4 PERSONEN
- 800 g Rindfleisch
- 1 Zwiebel
- 3 Knoblauchzehen
- 3 EL Öl
- 75 g Mandelkerne (ohne Haut)
- 2 TL Edelsüßpaprika
- Salz • Pfeffer
- 2 Lorbeerblätter
- 100 g getrocknete Datteln (ohne Stein)

1 Fleisch trocken tupfen und in große Würfel schneiden. Zwiebel und Knoblauch schälen und würfeln.

2 Öl erhitzen. Fleisch darin portionsweise rundherum braun anbraten. Zwiebel, Knoblauch und Mandeln zum Schluss kurz mitbraten. Das gesamte Fleisch wieder in den Topf geben. Mit Edelsüßpaprika, Salz und Pfeffer würzen. Lorbeer zugeben. Mit 600 ml Wasser ablöschen und aufkochen. Zugedeckt ca. 2 Stunden schmoren, bis das Gulasch leicht zerfällt. Nach ca. 1 Stunde die Datteln zugeben.

3 Nach ca. 1 ½ Stunden Schmorzeit aus dem Gulasch ca. ⅔ der Soße sowie die Hälfte Mandeln und Datteln herausnehmen. Mit dem Stabmixer fein pürieren. Zurück zum Gulasch geben und 20–30 Minuten weiterschmoren. Gulasch mit Salz und Pfeffer abschmecken. Dazu schmeckt Kartoffelpüree oder Reis.

ZUBEREITUNGSZEIT ca. 2 ½ Std.
PORTION ca. 670 kcal
E 57 g · F 32 g · KH 20 g

OHNE SOSSENBINDER

Durch die pürierten Mandeln und Datteln wird die Soße schön sämig. Sie können also auf zusätzliche Stärke oder Soßenbinder verzichten.

One-Pot-Pasta

Nur einen Topf – mehr brauchen Sie nicht für diese genialen Nudelgerichte. Denn die Pasta gart direkt in der Soße und saugt sich dabei mit viel Geschmack voll

ONE-POT-PASTA

One-Pot-Lasagne

ZUTATEN FÜR 6 PERSONEN
- 2 Zwiebeln
- 1 Knoblauchzehe
- 3 EL Öl
- 4 grobe ungebrühte Bratwürste (à ca. 125 g)
- 2 Packungen (à 400 g) stückige Tomaten
- 1 Packung (400 g) passierte Tomaten
- Salz • Pfeffer
- 450 g Nudeln (z. B. Farfalle)
- je 3 Stiele Oregano und Basilikum
- 75 g Parmesan (Stück)
- 125 g Mozzarella
- 125 g Ricotta

1 Zwiebeln und Knoblauch schälen und in Würfel schneiden. Öl in einem großen Topf erhitzen. Wurstbrät aus der Haut direkt in den Topf drücken und ca. 3 Minuten krümelig braten. Zwiebeln und Knoblauch zufügen und 2–3 Minuten weiterbraten. 250 ml Wasser, stückige und passierte Tomaten zufügen und alles aufkochen. Mit Salz und Pfeffer würzen. Nudeln in die Soße rühren und ca. 15 Minuten köcheln.

2 Kräuter waschen, Blättchen fein hacken. Parmesan fein reiben. Mozzarella grob zerzupfen. Alles unter die Nudeln rühren. Mit Salz und Pfeffer abschmecken. Ricotta in Klecksen auf der One-Pot-Lasagne verteilen.

ZUBEREITUNGSZEIT ca. 45 Min.
PORTION ca. 640 kcal
E 28 g · F 43 g · KH 29 g

ONE-POT-PASTA

Gnocchi mit Lachs-Dill-Soße

ZUTATEN FÜR 4 PERSONEN
- 150 g Räucherlachs in Scheiben
- 1 Bund Dill
- 1 Zwiebel
- 1 EL Öl
- 600 g frische Gnocchi (Kühlregal)
- 175 g Doppelrahmfrischkäse
- 100 g Schlagsahne
- 1 TL Gemüsebrühe (instant)
- Salz • Pfeffer
- 2 TL Zitronensaft

1 Lachs in Streifen schneiden. Dill waschen und fein schneiden. Zwiebel schälen und in kleine Würfel schneiden.

2 Öl in einem weiten Topf erhitzen. Zwiebel darin glasig dünsten. Gnocchi zufügen und kurz mitbraten. Frischkäse, Sahne, 200 ml Wasser und Brühe zufügen. Alles aufkochen und ca. 3 Minuten köcheln.

3 Lachs und Dill unterrühren. Mit Salz, Pfeffer und Zitronensaft abschmecken.

ZUBEREITUNGSZEIT ca. 20 Min.
PORTION ca. 530 kcal
E 17 g · F 25 g · KH 56 g

ONE-POT-PASTA

Italienischer Nudel-Bohnen-Topf

ZUTATEN FÜR 4 PERSONEN
- 1 Zwiebel
- 2 Knoblauchzehen
- 1 Zweig Rosmarin
- 2 EL Olivenöl
- 300 g Mett (gewürztes Schweinehack)
- 1 Dose (850 ml) Tomaten
- Pfeffer • 1 TL Edelsüßpaprika
- 3–4 TL Gemüsebrühe (instant)
- 250 g Orecchiette (s. Tipp)
- 1 Dose (425 ml) kleine weiße Bohnenkerne (z. B. Cannellini)
- Salz

1 Zwiebel und Knoblauch schälen und fein würfeln. Rosmarin waschen und grob in Stücke zupfen.

2 Öl in einem großen Topf erhitzen. Mett darin unter Wenden krümelig anbraten. Zwiebel, Knoblauch und Rosmarin zufügen und kurz mitbraten. Tomaten samt Saft zufügen und mit einem Pfannenwender grob zerkleinern. Alles mit Pfeffer und Edelsüßpaprika würzen. 1,25 l heißes Wasser angießen und aufkochen. Brühe und die Orecchiette zufügen und zugedeckt 18–20 Minuten köcheln. Zwischendurch umrühren.

3 Bohnen abgießen und kalt abspülen. Zu den Nudeln geben und darin erhitzen. Mit Salz und Pfeffer abschmecken.

ZUBEREITUNGSZEIT ca. 30 Min.
PORTION ca. 600 kcal
E 31 g · F 24 g · KH 62 g

ORECCHIETTE

Die kleinen Nudeln in Öhrchenform sind eine Spezialität aus Apulien. Falls Sie diese nicht bekommen, können Sie den Eintopf auch mit anderen Nudeln, z. B. kleinen Muschelnudeln oder Hörnchen, zubereiten.

One-Pot-Pasta à la Frikassee

ZUTATEN FÜR 4 PERSONEN
- 2 Möhren
- 200 g grüner Spargel
- 2 Lauchzwiebeln
- 400 g Hähnchenfilet
- 2 EL Öl • Salz • Pfeffer
- abgeriebene Schale und Saft von ½ Bio-Zitrone
- 200 g Schlagsahne
- 2 TL Hühnerbrühe (instant)
- 300 g Bandnudeln
- 100 g TK-Erbsen
- einige Spritzer Worcestersoße

1 Möhren schälen, waschen, längs halbieren und in dünne Scheiben schneiden. Spargel waschen, holzige Enden großzügig abschneiden. Lauchzwiebeln putzen, waschen und in Ringe schneiden. Hähnchenfilet abspülen, trocken tupfen und in grobe Stücke schneiden.

2 Öl in einer großen Schmorpfanne mit hohem Rand oder einem weiten Topf erhitzen. Hähnchen darin rundherum ca. 2 Minuten anbraten. Mit Salz und Pfeffer würzen. Möhren, Spargel und Lauchzwiebeln zugeben und ca. 2 Minuten andünsten. Mit Salz, Pfeffer und Zitronenschale würzen.

3 500 ml Wasser und Sahne zugießen, aufkochen. Brühe, Nudeln und Erbsen zugeben und offen ca. 15 Minuten köcheln, bis die Nudeln bissfest gegart sind und die Soße sämig ist. Dabei gelegentlich umrühren.

4 Pasta mit Zitronensaft, Worcestersoße, Salz und Pfeffer abschmecken.

ZUBEREITUNGSZEIT ca. 30 Min.
PORTION ca. 600 kcal
E 38 g • F 22 g • KH 63 g

ONE-POT-PASTA

Tortelloni-Bohnen-Hack-Topf

ZUTATEN FÜR 4 PERSONEN
- 2 Zwiebeln (z. B. rote)
- 2 Knoblauchzehen
- 2 EL Öl
- 250 g gemischtes Hack
- 1 TL Kreuzkümmel • ½ TL Chilipulver
- 2 Dosen (à 425 ml) stückige Tomaten
- Salz • Pfeffer
- 1 Packung (500 g) frische Tortelloni (Kühlregal; z. B. mit Käsefüllung)
- 1 Dose (425 ml) Kidneybohnen
- Zucker

1 Zwiebeln und Knoblauch schälen und fein würfeln. Öl in einem Bräter erhitzen. Hack darin ca. 5 Minuten krümelig braten. Zwiebeln und Knoblauch zufügen und ca. 3 Minuten mitbraten. Kreuzkümmel und Chilipulver darüberstäuben und kurz anschwitzen. Tomaten und ca. 350 ml Wasser angießen und aufkochen. Mit Salz und Pfeffer würzen. Tortelloni zufügen. Alles zugedeckt ca. 5 Minuten köcheln.

2 Bohnen abspülen, abtropfen lassen und zu den Tortelloni geben. Ca. 4 Minuten kochen. Mit Salz, Pfeffer und 1 Prise Zucker abschmecken.

ZUBEREITUNGSZEIT ca. 15 Min.
PORTION ca. 550 kcal
E 29 g · F 25 g · KH 50 g

KREUZKÜMMEL

Die Samen sehen ähnlich aus wie normaler Kümmel, sind nur etwas heller. Der Geschmack unterscheidet sich jedoch deutlich. Kreuzkümmel hat ein frisches, leicht scharfes Aroma. Er ist Bestandteil der nordafrikanischen Küche (z. B. Falafel) und gehört in indische Currys.

ONE-POT-PASTA

Hähnchen-Mozzarella-Nudeln

ZUTATEN FÜR 4 PERSONEN
- 600 g Hähnchenfilet
- 1 Glas (150 g) getrocknete Tomaten in Öl
- Salz
- 1–1 ½ TL getrocknete Chiliflocken
- 1 TL getrockneter Oregano
- 200 g Schlagsahne
- 400 g kurze Nudeln (z. B. Penne rigate)
- 5 Stiele Petersilie
- 125 g Mozzarella
- Pfeffer

1 Hähnchenfilet abspülen, trocken tupfen und in ca. 2 cm große Würfel schneiden. Tomaten abtropfen lassen, dabei Öl auffangen. Tomaten halbieren.

2 4–5 EL Tomatenöl in einem flachen Bräter erhitzen (s. Tipp). Fleisch darin unter Wenden goldbraun anbraten. Tomaten kurz mitbraten. Mit Salz, Chiliflocken und Oregano würzen. Sahne und 1 l heißes Wasser zugießen, aufkochen. Nudeln zufügen und offen bei mittlerer Hitze ca. 12 Minuten köcheln. Gelegentlich umrühren.

3 Petersilie waschen und hacken. Mozzarella würfeln, unter die Nudeln heben und ca. 5 Minuten schmelzen lassen. Mit Salz und Pfeffer abschmecken. Petersilie unterrühren.

ZUBEREITUNGSZEIT ca. 30 Min.
PORTION ca. 880 kcal
E 53 g · F 37 g · KH 78 g

GESCHMACKSTRÄGER
Das würzige Tomatenöl eignet sich perfekt zum Braten und gibt zusätzliches Aroma.

ONE-POT-PASTA

Pasta mit Tomaten-Thunfisch-Sugo

ZUTATEN FÜR 4 PERSONEN
- 3 rote Zwiebeln
- 2 Knoblauchzehen
- 1 Dose (195 g) Thunfischfilets in Öl
- 6 Stiele Basilikum
- 2 Dosen (à 425 ml) stückige Tomaten
- 1 EL Tomatenmark
- 1 TL getrocknete Chiliflocken
- Salz • Pfeffer
- 1 EL kleine Kapern (Nonpareilles)
- 400 g Spaghetti

1 Zwiebeln und Knoblauch schälen. Zwiebeln halbieren und in halbe Ringe schneiden. Knoblauch fein hacken. Thunfisch abgießen. Basilikum waschen und die Blättchen abzupfen.

2 Tomaten, Tomatenmark, 750 ml Wasser, Knoblauch, Chiliflocken, 1 ½ TL Salz und 1 TL Pfeffer verrühren. Thunfisch zerzupfen. Kapern, Zwiebeln, Thunfisch und Basilikum unterheben.

3 Spaghetti in einen Bräter geben. Tomatensoße gleichmäßig darübergießen. Zugedeckt bei mittlerer Hitze aufkochen und ca. 13 Minuten köcheln. Gelegentlich umrühren.

ZUBEREITUNGSZEIT ca. 40 Min.
PORTION ca. 470 kcal
E 24 g · F 5 g · KH 81 g

ONE-POT-PASTA

Schinken-Makkaroni mit Käsesoße

ZUTATEN FÜR 4 PERSONEN
- 2 Stangen Porree
- 2 EL Olivenöl
- 300 ml Weißwein
- Salz
- 500 g kurze Makkaroni
- 250 g gekochter Schinken
- 100 g Gouda (Stück)
- 1 Bund Petersilie
- 250 g Schlagsahne
- Muskat • Pfeffer

1 Porree putzen, waschen und in Ringe schneiden. Öl in einem Topf erhitzen. Porree darin kurz andünsten. Weißwein und ca. 750 ml Wasser angießen. Mit Salz würzen und aufkochen. Nudeln dazugeben und erneut aufkochen. Zugedeckt bei mittlerer Hitze ca. 15 Minuten köcheln, dabei gelegentlich umrühren.

2 Schinken würfeln. Gouda grob raspeln. Petersilie waschen, Blättchen abzupfen und hacken. Sahne nach ca. 10 Minuten zu den Nudeln gießen und weiterköcheln. Käse und Schinken unterrühren. Nudeln mit Muskat, Salz und Pfeffer abschmecken.

ZUBEREITUNGSZEIT ca. 35 Min.
PORTION ca. 930 kcal
E 36 g · F 39 g · KH 93 g

ONE-POT-PASTA

Linguine mit Bohnen-Hähnchen-Ragout

ZUTATEN FÜR 4 PERSONEN
- 400 g Schneidebohnen
- 200 g Kirschtomaten
- 250 g braune Champignons
- 1 Zwiebel ♥ 2 Knoblauchzehen
- 400 g Hähnchenfilet
- 2 EL Olivenöl ♥ Salz ♥ Pfeffer
- 250 g Schlagsahne
- 400 g schmale Bandnudeln (z. B. Linguine)
- 2 TL Gemüsebrühe (instant)
- 75 g Parmesan (Stück)
- 5 Stiele Basilikum

1 Bohnen und Tomaten waschen. Bohnen putzen und in schräge Stücke schneiden. Tomaten halbieren. Pilze putzen, waschen und in Scheiben schneiden. Zwiebel und Knoblauch schälen und fein würfeln. Hähnchenfilet abspülen, trocken tupfen und in Stücke schneiden.

2 Öl in einem weiten Bräter erhitzen. Fleisch darin kräftig anbraten. Zwiebel, Knoblauch und Pilze kurz mitbraten. Mit Salz und Pfeffer würzen. Sahne und Bohnen zufügen und aufkochen.

3 Gemüse und Fleisch etwas beiseiteschieben. Nudeln in die Sahne legen. Knapp 600 ml kochendes Wasser angießen, Brühe einrühren und alles verrühren. Zugedeckt ca. 10 Minuten köcheln. Zwischendurch mehrmals umrühren.

4 Käse reiben. Tomaten ca. 2 Minuten vor Ende der Garzeit zufügen und mitgaren. Basilikum waschen und abzupfen. Ca. 1/3 Käse unter die fertigen Nudeln rühren. Mit Salz und Pfeffer abschmecken. Mit Rest Käse bestreuen.

ZUBEREITUNGSZEIT ca. 45 Min.
PORTION ca. 820 kcal
E 47 g · F 33 g · KH 83 g

ONE-POT-PASTA

vegetarisch

Schnelle Kürbis-Spaghetti

ZUTATEN FÜR 4 PERSONEN
- ½ Hokkaido-Kürbis (ca. 700 g)
- 2 Knoblauchzehen
- 4 EL Olivenöl
- 3 TL Gemüsebrühe (instant)
- 400 g Spaghetti
- 100 g Gorgonzola (s. Info)
- 100 g Schlagsahne
- Salz • Pfeffer
- 1 Bund Basilikum

1 Kürbis waschen, entkernen und in ca. 1 cm große Stücke schneiden. Knoblauch schälen und fein hacken. Öl in einem großen Topf erhitzen. Knoblauch darin andünsten. Kürbis zugeben und ca. 2 Minuten mitdünsten. 750 ml Wasser angießen und aufkochen. Brühe einrühren. Spaghetti in der Mitte durchbrechen und untermischen. Zugedeckt ca. 8 Minuten köcheln.

2 Käse grob zerbröckeln und mit der Sahne unter die Nudeln rühren. Weitere ca. 2 Minuten köcheln. Mit Salz und Pfeffer würzen. Basilikum waschen, grob schneiden und unterheben.

ZUBEREITUNGSZEIT ca. 30 Min.
PORTION ca. 720 kcal
E 19 g · F 27 g · KH 97 g

MILD ODER WÜRZIG

Gorgonzola ist ein herkunftsgeschützter Blauschimmelkäse aus Italien. Es gibt ihn in zwei verschiedenen Geschmacksstufen. Die milde Variante wird dolce oder cremoso genannt, die kräftige picante oder intenso.

ONE-POT-PASTA

Makkaroni mit Lachs und Garnelen

ZUTATEN FÜR 4 PERSONEN
- 500 g Lachsfilet (ohne Haut)
- 150 g küchenfertige rohe Garnelen (ohne Kopf und Schale)
- 2 Zwiebeln • 2 Knoblauchzehen
- 1 rote Chilischote
- 3 EL Olivenöl • Salz
- Pfeffer • Edelsüßpaprika
- 3 TL Tomatenmark
- 2 TL Gemüsebrühe (instant)
- 300 g kurze Makkaroni
- 1 Dose (850 ml) Tomaten
- 3 TL getrocknete italienische Kräuter
- Zucker

1 Lachs und Garnelen abspülen und trocken tupfen. Lachs in Würfel schneiden. Zwiebeln und Knoblauch schälen und würfeln. Chili längs einschneiden, entkernen, waschen und in feine Ringe schneiden.

2 Öl in einem flachen Bräter erhitzen. Garnelen darin rundherum ca. 3 Minuten braten. Mit Salz und Pfeffer würzen, herausnehmen. Fisch im Bratfett rundherum ca. 5 Minuten braten. Mit Salz und Pfeffer würzen, herausnehmen.

3 Zwiebeln, Knoblauch und Chili im Bratfett anbraten. Paprika und Tomatenmark zufügen, anschwitzen und mit 800 ml Wasser ablöschen. Brühe einrühren und aufkochen. Nudeln zufügen und ca. 10 Minuten köcheln.

4 Tomaten in der Dose zerkleinern. Tomaten samt Saft und Kräutern zu den Nudeln geben, aufkochen und ca. 8 Minuten weiterköcheln. Fisch und Garnelen zufügen und erhitzen. Alles mit Salz, Pfeffer und 1 Prise Zucker abschmecken.

ZUBEREITUNGSZEIT ca. 45 Min.
PORTION ca. 680 kcal
E 43 g • F 27 g • KH 64 g

ONE-POT-PASTA

Fixer Tortelloni-Topf mit Currysahne

ZUTATEN FÜR 4 PERSONEN
- 500 g Hähnchenbrust
- 2 EL Öl
- Salz • Pfeffer
- 1–2 EL Currypulver
- 250 g Schlagsahne
- 2 TL Hühnerbrühe (instant)
- 2 Packungen (à 250 g) Tortelloni mit Fleischfüllung
- 200 g TK-Erbsen
- 50 g Parmesan (Stück)
- 5 Stiele Basilikum
- Edelsüßpaprika

1 Fleisch abspülen, trocken tupfen und in 1–2 cm große Stücke schneiden. Öl in einem weiten Topf erhitzen. Fleisch darin anbraten. Mit Salz und Pfeffer würzen. Mit Curry bestäuben und kurz anschwitzen.

2 Sahne und 400 ml Wasser angießen, Brühe einrühren und aufkochen. Tortelloni und gefrorene Erbsen zugeben und alles zugedeckt bei schwacher Hitze ca. 10 Minuten köcheln. Gelegentlich umrühren.

3 Käse grob reiben. Basilikum waschen, von den Stielen zupfen und unter die Tortelloni heben. Mit Salz, Pfeffer und Edelsüßpaprika abschmecken. Mit Käse bestreut servieren.

ZUBEREITUNGSZEIT ca. 30 Min.
PORTION ca. 840 kcal
E 51 g · F 48 g · KH 45 g

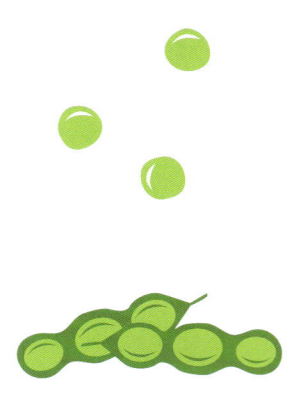

ONE-POT-PASTA

One-Pot-Spaghetti mit Räucherlachs

ZUTATEN FÜR 4 PERSONEN
- 250 g Champignons
- 1 Zwiebel · 1 Knoblauchzehen
- 5 Stiele Thymian
- 1 Bio-Zitrone
- 2 EL Olivenöl · Salz · Pfeffer
- 100 g Schlagsahne
- 3 TL Gemüsebrühe (instant)
- 400 g Spaghetti
- 100 g Babyspinat
- 250 g Räucherlachs

1 Champignons waschen, putzen und je nach Größe eventuell halbieren. Zwiebel und Knoblauch schälen. Zwiebel in dünne Spalten schneiden, Knoblauch hacken. Thymian waschen, Blättchen abzupfen. Zitrone heiß waschen, Schale abreiben. Zitrone auspressen.

2 Öl in einem weiten Topf erhitzen. Champignons darin kräftig anbraten. Zwiebel und Knoblauch kurz mit anbraten. Mit Salz und Pfeffer würzen.

3 Sahne und 900 ml Wasser angießen. Brühe, Thymian und Zitronenschale einrühren, alles aufkochen. Spaghetti zufügen und zugedeckt bei mittlerer Hitze ca. 10 Minuten garen. Dabei ab und zu umrühren, damit die Spaghetti nicht kleben und gleichmäßig garen.

4 Spinat waschen, unter die Nudeln heben und zusammenfallen lassen. Mit Zitronensaft, Salz und Pfeffer abschmecken. Lachs zerzupfen und kurz vor dem Servieren unter die Nudeln heben.

ZUBEREITUNGSZEIT ca. 30 Min.
PORTION ca. 630 kcal
E 30 g · F 23 g · KH 72 g

Die besten Partyrezepte

So unkompliziert, so köstlich! Diese Schlemmerhits lassen sich auf kleiner Flamme warm stellen, sodass sich Ihre Gäste während der Feier nach Herzenslust selbst bedienen können

PARTYREZEPTE

Italienische Frikadellen in Tomatensoße

ZUTATEN FÜR 6–8 PERSONEN
- 2 Zwiebeln
- 1 Knoblauchzehe
- 60 g Parmesan (Stück)
- 600 g gemischtes Hack
- 1 Ei (Gr. M)
- 4 EL Semmelbrösel
- 4 EL Milch
- 1 TL Senf
- 1 TL getrocknete italienische Kräuter
- Salz ♥ Pfeffer
- 2 EL Öl
- 1 Dose (850 ml) Tomaten
- Zucker
- 1 EL Balsamico-Essig
- 125 g Mozzarella

1 FÜR DIE FRIKADELLEN 1 Zwiebel und Knoblauch schälen und fein würfeln. Parmesan reiben. Hack, Zwiebel, Ei, Semmelbrösel, Parmesan, Milch, Senf und italienische Kräuter verkneten. Mit je 1 TL Salz und Pfeffer würzen. Aus der Hackmasse ca. 8 Frikadellen formen. Öl in einer großen ofenfesten Pfanne erhitzen. Frikadellen darin pro Seite ca. 4 Minuten braten.

2 FÜR DIE TOMATENSOSSE 1 Zwiebel schälen und fein würfeln. Frikadellen aus der Pfanne nehmen. Zwiebelwürfel im Bratfett ca. 3 Minuten andünsten. Tomaten dazugeben und mit einem Pfannenwender zerkleinern. Alles aufkochen und ca. 10 Minuten köcheln. Soße mit Salz, 1 TL Zucker und Essig abschmecken.

3 Mozzarella in dünne Scheiben schneiden. Frikadellen in die Soße setzen und Mozzarella darauf verteilen. Im vorgeheizten Backofen (E-Herd: 200 °C/Umluft: 180 °C/Gas: s. Hersteller) ca. 15 Minuten überbacken. Dazu schmecken Nudeln oder Baguette.

ZUBEREITUNGSZEIT ca. 1 Std.
PORTION ca. 640 kcal
E 48 g · F 42 g · KH 17 g

PARTYREZEPTE

Buntes Kartoffelgulasch

ZUTATEN FÜR 6 PERSONEN
- 25 g getrocknete Mischpilze
- 2 Zwiebeln ♥ 2 Knoblauchzehen
- 1 kg Kartoffeln
- 1 kg gemischtes Gulasch
- 2 EL Öl ♥ Salz ♥ Pfeffer
- 125 g gewürfelter Katenschinken
- 2 TL getrockneter Majoran
- 2 EL Tomatenmark
- 2 Dosen (à 425 ml) Kirschtomaten ♥ Zucker
- 400 g TK-grüne-Bohnen
- 200 g Schmand

1 Pilze in 100 ml kaltem Wasser ca. 30 Minuten einweichen. Zwiebeln und Knoblauch schälen und in Stücke schneiden. Kartoffeln schälen, waschen und in mundgerechte Stücke schneiden. Fleisch trocken tupfen.

2 Öl in einem Bräter erhitzen. Fleisch darin portionweise kräftig anbraten. Mit Salz und Pfeffer würzen. Herausnehmen. Zwiebeln, Knoblauch und Schinken im heißen Bratfett anbraten. Kartoffeln, Majoran und Fleisch zufügen. Tomatenmark unterrühren und kurz anschwitzen. Tomaten und 750 ml Wasser zugeben. Mit Salz, Pfeffer und 1 Prise Zucker würzen und aufkochen.

3 Pilze durch ein Sieb gießen, Einweichwasser auffangen. Pilze klein hacken. Einweichwasser und Pilze zum Gulasch geben. Zugedeckt ca. 1 ½ Stunden köcheln.

4 Ca. 10 Minuten vor Ende der Garzeit Bohnen zugeben. Gulasch mit Salz und Pfeffer abschmecken. Mit Schmand anrichten.

ZUBEREITUNGSZEIT ca. 2 Std.
PORTION ca. 520 kcal
E 48 g · F 20 g · KH 33

Dazu schmeckt Apfel-Gremolata

1 Apfel (z. B. Granny Smith) waschen, vierteln, entkernen und fein würfeln. **5 Stiele Petersilie** waschen und fein hacken. Beides mit **abgeriebener Schale** und **Saft von 1 Bio-Zitrone** mischen. Mit **Pfeffer** abschmecken.

PARTYREZEPTE

Weißes Chili con Carne

ZUTATEN FÜR 8 PERSONEN
- 2 Zwiebeln
- 3–4 Knoblauchzehen
- 2 gelbe Paprikaschoten
- 1 Bund Lauchzwiebeln
- 1–2 rote Chilischoten
- 3–4 EL Öl
- 1,2 kg gemischtes Hack
- Salz • Pfeffer
- 2 gestrichene EL Mehl
- 250 g Schlagsahne
- 2 EL Gemüsebrühe (instant)
- 2 Gläser (à 580 ml) große weiße Bohnenkerne
- 1 Dose (425 ml) Mais
- 4 Stiele Petersilie

1 Zwiebeln und Knoblauch schälen und fein würfeln. Paprika putzen, waschen und würfeln. Lauchzwiebeln putzen, waschen und in Ringe schneiden. Chilis putzen, entkernen, waschen und fein hacken.

2 Öl in einem großen Bräter erhitzen. Hack darin krümelig anbraten. Zwiebeln und Knoblauch kurz mitbraten. Paprika, Lauchzwiebeln und Chili zufügen und ca. 5 Minuten mitbraten. Alles mit Salz und Pfeffer würzen.

3 Hack mit Mehl bestäuben, kurz anschwitzen. Mit ca. 1,25 l Wasser und Sahne ablöschen. Aufkochen, Brühe einrühren und unter mehrmaligem Rühren ca. 10 Minuten köcheln.

4 Bohnenkerne in einem Sieb abspülen und abtropfen lassen. Mais abgießen. Bohnen und Mais zufügen, erhitzen. Chili mit Salz und Pfeffer abschmecken. Petersilie waschen, hacken und unterrühren.

ZUBEREITUNGSZEIT ca. 1 Std.
PORTION ca. 590 kcal
E 37 g · F 38 g · KH 20 g

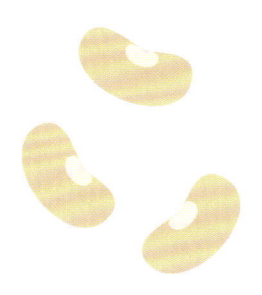

PARTYREZEPTE

Rindfleischtopf aus Burgund

ZUTATEN FÜR 4 PERSONEN
- 2 kg mageres Rindfleisch (Keule)
- 250 g geräucherter durchwachsener Speck
- 750 g kleine Zwiebeln
- 3 Knoblauchzehen
- 2 Möhren
- 500 g Champignons
- 4 EL Öl • Salz • Pfeffer
- 5–6 EL Mehl (ca. 60 g)
- 2 EL Tomatenmark
- 1 Flasche (700 ml) trockener Rotwein (z. B. Burgunder)
- 3 TL klare Brühe (instant)
- 3 Lorbeerblätter
- 2 TL getrockneter Thymian
- 1 Bund Petersilie

1 Fleisch trocken tupfen und in ca. 5 cm große Würfel schneiden. Speck in Streifen schneiden. Zwiebeln und Knoblauch schälen. Möhren schälen und waschen. Alles fein würfeln. Pilze putzen und waschen.

2 2 EL Öl in einem Bräter erhitzen. Speck darin anbraten, herausnehmen. Fleisch portionsweise im Bratfett anbraten. Mit Salz und Pfeffer würzen, herausnehmen. 2 EL Öl im Bratfett erhitzen. Pilze darin kräftig anbraten. Herausnehmen.

3 Zwiebel-, Knoblauch- und Möhrenwürfel im Bratfett andünsten. Fleisch und Speck wieder zufügen. Alles mit Mehl bestäuben und kurz anschwitzen. Tomatenmark einrühren. Mit Wein und 600 ml Wasser ablöschen, aufkochen. Brühe einrühren. Mit Salz und Pfeffer kräftig würzen. Lorbeer und Thymian zufügen.

4 Zugedeckt im vorgeheizten Backofen (E-Herd: 200 °C/Umluft: 180 °C/Gas: s. Hersteller) ca. 2 Stunden schmoren.

5 Ca. 15 Minuten vor Ende der Garzeit Pilze zufügen und zu Ende garen. Alles mit Salz und Pfeffer abschmecken. Petersilie waschen, fein hacken und unterheben. Dazu schmeckt Baguette.

ZUBEREITUNGSZEIT ca. 3 Std.
PORTION ca. 580 kcal
E 58 g · F 27 g · KH 13 g

PARTYREZEPTE

Partypfanne mit Mettbällchen

ZUTATEN FÜR 6–8 PERSONEN
- 3 Zwiebeln ♥ 1 Knoblauchzehe
- 750 g Schweinemett
- 1 Ei ♥ Pfeffer
- 2 TL getrockneter Majoran
- 3 TL Tomatenmark
- 1,2 kg kleine Champignons
- 500 g Fleischwurst
- 5 EL Öl ♥ Salz
- 1 Dose (850 ml) Tomaten
- 1 Lorbeerblatt
- 150 g Schlagsahne
- einige Spritzer Zitronensaft ♥ Zucker

1 FÜR DIE METTBÄLLCHEN Zwiebeln und Knoblauch schälen und fein würfeln. Mett, Ei, Pfeffer, Majoran und Tomatenmark gut verkneten. Aus der Masse kleine Bällchen formen.

2 Champignons putzen und waschen. Wurst aus der Haut lösen und in Scheiben schneiden.

3 2 EL Öl in einer großen Pfanne erhitzen. Mettbällchen und Wurst darin portionsweise anbraten. Herausnehmen.

4 3 EL Öl portionsweise im Bratfett erhitzen. Champignons darin portionsweise anbraten. Mit Salz und Pfeffer würzen. Herausnehmen. Zwiebeln und Knoblauch im Bratfett andünsten. Tomaten samt Saft und 200 ml Wasser zugießen. Mettbällchen, Wurst, Champignons und Lorbeer zufügen. Alles aufkochen und zugedeckt ca. 15 Minuten schmoren.

5 Sahne einrühren. Partypfanne mit Salz, Pfeffer, Zitronensaft und 1 Prise Zucker abschmecken. Dazu schmeckt Bauernbrot.

ZUBEREITUNGSZEIT ca. 1 ¼ Std.
PORTION ca. 630 kcal
E 33 g · F 48 g · KH 12 g

PARTYREZEPTE

Kräftiges Kaffee-Chili

ZUTATEN FÜR 6–8 PERSONEN
- 500 g Rindergulasch
- 2 Zwiebeln • 2–3 Knoblauchzehen
- 2 rote Paprikaschoten
- 2 große Möhren
- 1 rote Chilischote • 3 EL Olivenöl
- 500 g Rinderhack
- 3 EL Tomatenmark
- Salz • Pfeffer
- ½ TL getrockneter Oregano
- Zucker (z. B. brauner)
- 2 TL klare Brühe (instant)
- 250 ml starker Kaffee (s. Tipp)
- 250 ml dunkles Bier (z. B. Schwarzbier)
- 1 Dose (850 ml) Tomaten
- 1 Dose (425 ml) weiße Bohnenkerne
- 5 Stiele Petersilie

1 Gulasch trocken tupfen und in kleinere Würfel schneiden. Zwiebeln und Knoblauch schälen. Paprika und Möhren putzen bzw. schälen und waschen. Alles würfeln. Chili längs aufschneiden, entkernen, waschen und in feine Streifen schneiden.

2 Öl in einem großen Bräter erhitzen. Gulaschwürfel darin kräftig anbraten. Herausnehmen. Hack im heißen Bratfett krümelig braten. Zwiebeln, Knoblauch, Chili, Paprika und Möhren zum Hack geben und alles anbraten. Tomatenmark einrühren und kurz mit anschwitzen.

3 Gulasch wieder zufügen und alles mit Salz, Pfeffer, Oregano, 2 EL Zucker und Brühe würzen. 375 ml Wasser, Kaffee, Bier und Tomaten samt Saft angießen. Tomaten mit einem Pfannenwender zerkleinern. Alles aufkochen und zugedeckt ca. 1 ½ Stunden schmoren.

4 Bohnen abgießen, abspülen und abtropfen lassen. In die Suppe geben und erhitzen. Petersilie waschen, fein hacken und in das Chili rühren. Chili mit Salz, Pfeffer und Zucker abschmecken. Dazu passen Brotchips.

ZUBEREITUNGSZEIT ca. 2 ¼ Std.
PORTION ca. 340 kcal
E 33 g · F 15 g · KH 14 g

PRAKTISCH
Der Kaffee muss nicht frisch gebrüht sein. Sie können auch Instant-Kaffeepulver verwenden: in heißem Wasser auflösen und angießen.

PARTYREZEPTE

Teufelsfleisch

ZUTATEN FÜR 6 PERSONEN
- 3 Paprikaschoten (z. B. grün, gelb und rot)
- 500 g Champignons ♥ 2 große Zwiebeln
- 150 g Gewürzgurken
- 1 kg Gyrosfleisch (Frischetheke)
- 1 Dose (850 ml) Tomaten
- 250 ml Tomaten-Chili-Soße (Flasche)
- Salz ♥ Cayennepfeffer

1 Paprika putzen, waschen und würfeln. Champignons putzen, waschen und je nach Größe halbieren oder vierteln. Zwiebeln schälen, halbieren und in Streifen schneiden. Gurken in Scheiben schneiden.

2 Alles mit Fleisch, Tomaten und Chilisoße in einem großen ofenfesten Topf mischen. Mit Salz und Cayennepfeffer würzen. Zugedeckt im vorgeheizten Backofen (E-Herd: 200 °C/Umluft: 180 °C/Gas: s. Hersteller) ca. 1 ½ Stunden schmoren. Ca. 20 Minuten vor Ende der Schmorzeit Deckel entfernen und offen zu Ende garen. Mit Salz und Cayennepfeffer abschmecken. Dazu passt Tsatsiki.

ZUBEREITUNGSZEIT ca. 2 ¼ Std.
PORTION ca. 330 kcal
E 45 g · F 8 g · KH 17 g

Dazu schmecken Rosmarin-Käsetaler

ZUTATEN FÜR CA. 18 STÜCK

1 Packung (400 g) frischen Pizzateig entrollen und ca. 18 Kreise (à ca. 8 cm Ø) ausstechen. Auf ein mit **Backpapier** ausgelegtes Backblech legen. Mit **2 TL Rosmarinnadeln** und **125 g geriebenem Parmesan** bestreuen. **1–2 EL Olivenöl** darüberträufeln. Im vorgeheizten Backofen (E-Herd: 200 °C/Umluft: 180 °C/Gas: s. Hersteller) ca. 12 Minuten backen. Auskühlen lassen.

PARTYREZEPTE

Zweierlei-Bohnen-Topf mit Hack

ZUTATEN FÜR 6 PERSONEN
- 2 Zwiebeln ♥ 2 Knoblauchzehen
- 1 Dose (425 ml) Kidneybohnen
- 1 Dose (425 ml) weiße Bohnenkerne
- 2 EL Öl
- 500 g gemischtes Hack
- 2 EL Tomatenmark
- Salz ♥ Pfeffer
- 1 TL Rosenpaprika
- 1 TL gemahlener Kreuzkümmel
- 2 Dosen (425 ml) stückige Tomaten
- 2 TL Gemüsebrühe (instant)
- 150 g kleine Nudeln (z. B. Mini-Penne)
- 100 g Cheddar (Stück)
- 5 Stiele Petersilie

1 Zwiebeln und Knoblauch schälen und fein würfeln. Gesamte Bohnen in einem Sieb abgießen, abspülen und gut abtropfen lassen.

2 Öl in einem Bräter erhitzen. Hack darin krümelig anbraten. Zwiebeln und Knoblauch zufügen und kurz mitbraten. Tomatenmark einrühren und anschwitzen. Mit Salz, Pfeffer, Rosenpaprika und Kreuzkümmel würzen. Tomaten und 750 ml Wasser zugießen. Brühe einrühren, aufkochen. Nudeln und Bohnen unterrühren. Alles zugedeckt ca. 20 Minuten köcheln, dabei gelegentlich umrühren.

3 Käse grob raspeln. Petersilie waschen, Blättchen fein hacken. Suppe mit Salz und Pfeffer abschmecken. Petersilie unterrühren. Bohnentopf mit Käse bestreut servieren.

ZUBEREITUNGSZEIT ca. 30 Min.
PORTION ca. 550 kcal
E 33 g · F 26 g · KH 38 g

PARTYREZEPTE

Sanft geschmorte Burgundersteaks

ZUTATEN FÜR 6–8 PERSONEN
- 750 g Schalotten
- 2 Möhren
- 8 Rumpsteaks (à ca. 225 g)
- Salz • Pfeffer
- 8 EL Mehl
- 4 EL Butterschmalz
- 2 TL klare Brühe (instant)
- 500 ml Rotwein (z. B. Burgunder)

1 Schalotten mit Wasser überbrühen und 1–2 Minuten ziehen lassen. Abschrecken und schälen. Je nach Größe halbieren oder vierteln. Möhren schälen, waschen und fein würfeln.

2 Steaks trocken tupfen, Fettrand mehrmals einschneiden. Steaks mit Salz und Pfeffer würzen und im Mehl wenden. Butterschmalz in einem weiten Bräter erhitzen. Steaks darin portionsweise kräftig anbraten. Herausnehmen. Möhren und Schalotten im Bratfett anbraten. Mit Salz und Pfeffer würzen. Herausnehmen. Brühe separat in 250 ml heißem Wasser auflösen.

3 Steaks schuppenförmig in den Bräter legen. Möhren und Schalotten darauf verteilen. Wein und Brühe angießen, aufkochen. Zugedeckt im vorgeheizten Backofen (E-Herd: 180 °C/Umluft: 160 °C/Gas: s. Hersteller) zunächst ca. 1 ½ Stunden schmoren. Anschließend offen ca. 1 Stunde weiterschmoren.

ZUBEREITUNGSZEIT ca. 3 ¼ Std.
PORTION ca. 380 kcal
E 50 g · F 11 g · KH 11 g

Dazu schmecken Rosmarinkartoffeln

1,5 kg Kartoffeln schälen, waschen und vierteln. **2 Zweige Rosmarin** waschen, Nadeln abzupfen. **4 EL Butterschmalz** auf 2 Pfannen verteilen und erhitzen. Kartoffeln darin anbraten. Rosmarin zufügen. Zugedeckt bei schwacher Hitze 15–20 Minuten braten. Öfter wenden. Mit **Salz** und **Pfeffer** würzen. Offen ca. 5 Minuten weiterbraten.

PARTYREZEPTE

Feines Filetragout mit Kirschtomaten

ZUTATEN FÜR 10 PERSONEN
- 500 g Schalotten
- 1 kg kleine braune Champignons
- 1 kg Rinderfilet
- 1,5 kg Schweinefilet
- 6 EL Butterschmalz
- 100 g Schinkenwürfel
- Salz • Pfeffer
- 2 gehäufte EL Mehl
- 2 Dosen (à 425 ml) Kirschtomaten
- 2 Würfel (à 50 g) Bratenjus (z. B. von Langbein)
- 5 Stiele Kerbel
- evtl. 2 TL Kapern
- 150 g Crème fraîche

1 Schalotten ca. 1 Minute in kochendem Wasser blanchieren. Abschrecken und aus der Schale drücken. Pilze putzen und waschen. Schalotten und Pilze je nach Größe halbieren oder vierteln. Filets trocken tupfen und in nicht zu dünne Streifen schneiden.

2 Butterschmalz portionsweise in einem Schmortopf erhitzen. Fleisch und Schinkenwürfel darin portionsweise kräftig anbraten. Herausnehmen. Schalotten und Pilze im heißen Bratfett anbraten. Mit Salz und Pfeffer würzen. Mehl darüberstäuben und kurz anschwitzen. Tomaten samt Saft und 1 l Wasser einrühren, aufkochen. Bratenjus einrühren. Alles zugedeckt ca. 2 Minuten köcheln. Gesamtes Fleisch zufügen und zugedeckt ca. 40 Minuten schmoren.

3 Kerbel waschen, Blättchen abzupfen. Kerbel, Kapern und Crème fraîche unter das Ragout rühren. Mit Salz und Pfeffer abschmecken.

ZUBEREITUNGSZEIT ca. 1 ½ Std.
PORTION ca. 620 kcal
E 64 g · F 20 g · KH 42 g

Dazu schmeckt Paprika-Pesto-Reis

2 Paprikaschoten (rot und gelb) putzen, waschen und in kleine Würfel schneiden. **2 EL Butter** in einem Topf erhitzen. **500 g Langkornreis** und Paprika darin andünsten. **1 l Wasser** und **1 TL Salz** zufügen, aufkochen und zugedeckt ca. 20 Minuten garen. **5 Stiele Kerbel** waschen, Blättchen abzupfen. **100 g Pesto (Glas)** und Kerbel unter den Reis rühren.

PARTYREZEPTE

Spanische Chorizo-Bohnen

ZUTATEN FÜR 8 PERSONEN
- 1 Zwiebel
- 4 Knoblauchzehen
- 3 Dosen (à 425 ml) weiße Bohnenkerne
- 400 g Chorizo (spanische Paprikawurst)
- 1 EL Öl
- 2 TL Tomatenmark
- 2 Dosen (à 850 g) Tomaten
- Salz • Pfeffer • Zucker
- 1 TL getrockneter Thymian
- 5 Stiele Petersilie

1 Zwiebel und Knoblauch schälen und fein würfeln. Bohnen abgießen, abspülen und abtropfen lassen. Chorizo in Scheiben schneiden.

2 Öl in einem großen Topf erhitzen. Zwiebel und Knoblauch darin andünsten. Chorizo zufügen und kurz mitbraten. Tomatenmark einrühren und anschwitzen. Tomaten samt Saft zufügen, mit einem Pfannenwender zerkleinern. Aufkochen. Mit Salz, Pfeffer, 1 Prise Zucker und Thymian würzen. Bohnen unterrühren. Alles zugedeckt ca. 20 Minuten köcheln.

3 Petersilie waschen, fein hacken und unter die Bohnen mischen. Mit Salz und Pfeffer abschmecken.

ZUBEREITUNGSZEIT ca. 45 Min.
PORTION ca. 340 kcal
E 18 g · F 20 g · KH 19 g

Geschmorte Steaks in Champignonsoße

ZUTATEN FÜR 12 PERSONEN
- 500 g Möhren
- 750 g kleine Champignons
- 500 g Zwiebeln
- 4 Knoblauchzehen
- 12 Schweinenackensteaks (à ca. 200 g)
- Salz • Pfeffer
- 3 Eier
- 200 g Semmelbrösel
- 6 EL Butterschmalz
- 2 TL getrockneter Rosmarin
- 250 g Schlagsahne
- 2 TL Speisestärke

1 Möhren schälen, waschen, längs halbieren und in Scheiben schneiden. Pilze putzen und kurz waschen. Zwiebeln und Knoblauch schälen. Zwiebeln in Streifen schneiden, Knoblauch hacken. Steaks trocken tupfen, mit Salz und Pfeffer würzen. Eier verquirlen. Steaks erst in Ei, dann in Semmelbröseln wenden.

2 In einem Bräter 4 EL Butterschmalz erhitzen. Steaks darin portionsweise von jeder Seite goldbraun braten. Herausnehmen.

3 Bräter säubern. 2 EL Butterschmalz in dem Bräter erhitzen. Möhren und Pilze darin ca. 10 Minuten braten. Rosmarin, Zwiebeln und Knoblauch kurz mitbraten. Mit 750 ml Wasser und Sahne ablöschen, aufkochen. Stärke und etwas Wasser glatt rühren. Soße damit binden. Mit Salz und Pfeffer abschmecken.

4 Steaks fächerförmig in die Soße legen und etwas Soße darüberträufeln. Im vorgeheizten Backofen (E-Herd: 180 °C/Umluft: 160 °C/Gas: s. Hersteller) ca. 1 ¾ Stunden schmoren. Dazu schmeckt Brot.

ZUBEREITUNGSZEIT ca. 2 ½ Std.
PORTION ca. 620 kcal
E 43 g · F 41 g · KH 15 g

Kanadischer Partytopf

ZUTATEN FÜR 6–8 PERSONEN
- 1 Flasche (250 ml) Barbecuesoße
- 200 g Schlagsahne
- 5 EL Ahornsirup
- 5 EL Whiskey (oder Weinbrand)
- Salz ♥ grober Pfeffer
- Chilipulver
- je 3 rote und gelbe Paprikaschoten
- 800 g Kartoffeln ♥ 3 große Zwiebeln
- 500 g Putenbrust
- 1 kg gemischtes Gulasch
- 8–10 Stiele Majoran

Barbecuesoße, Sahne, Ahornsirup, Whiskey und 1 l Wasser in einen großen Topf mit Deckel geben. Mit 1 ½ TL Salz, 1 ½ TL Pfeffer und 1 Prise Chili würzen.

1 Paprika putzen, waschen und in ca. 2 cm große Würfel schneiden. Kartoffeln schälen, waschen und in Stücke schneiden. Zwiebeln schälen und würfeln. Putenbrust abspülen, trocken tupfen und in ca. 3 cm große Würfel schneiden. Gulasch trocken tupfen. Majoran waschen und die Blättchen von den Stielen zupfen. Alles in den Topf geben und mischen.

2 Alles zugedeckt aufkochen und bei mittlerer Hitze ca. 1 ½ Stunden kochen. Partytopf abschmecken. Dazu schmeckt ein Klecks saure Sahne.

ZUBEREITUNGSZEIT ca. 2 Std.
PORTION ca. 410 kcal
E 45 g · F 16 g · KH 32 g

PARTYREZEPTE

Currywurst-Suppe

ZUTATEN FÜR 8–10 PERSONEN
- 1 Gemüsezwiebel
- 5 Currywürste (ca. 600 g; ersatzweise feine Bratwürste)
- 3 EL Öl
- 2 EL Currypulver
- 4 TL klare Brühe (instant)
- 2 Dosen (à 850 ml) Tomaten
- brauner Zucker ♥ Salz
- 125 g Curryketchup (Flasche)
- Pfeffer
- ca. 300 g Schmand
- 1 Beutel (100 g) Kartoffelsticks

1 Zwiebel schälen und würfeln. Würste in Scheiben schneiden. Öl in einem großen Topf erhitzen. Wurstscheiben darin anbraten. Herausnehmen.

2 Zwiebel im heißen Bratfett glasig dünsten. Curry darüberstäuben und anschwitzen (s. Tipp). Mit 750 ml Wasser ablöschen, Brühe einrühren. Tomaten samt Saft, 2 EL Zucker und etwas Salz zufügen. Alles aufkochen und zugedeckt ca. 10 Minuten köcheln.

3 Tomaten und Zwiebeln in der Suppe mit einem Stabmixer fein pürieren. Curryketchup einrühren. Wurstscheiben zufügen und erhitzen. Suppe mit Salz und Pfeffer abschmecken. Mit Schmand und Kartoffelsticks anrichten.

ZUBEREITUNGSZEIT ca. 40 Min.
PORTION ca. 410 kcal
E 11 g · F 33 g · KH 18 g

GESCHMACKSKICK

Curry entfaltet sein Aroma am besten, wenn Sie die Gewürzmischung in Fett andünsten und dann erst die Flüssigkeit zufügen. Das Fett sollte jedoch nicht zu heiß sein, damit das Pulver nicht verbrennt und bitter wird.

PARTYREZEPTE

Italienisches Kalbsragout

ZUTATEN FÜR 6–8 PERSONEN
- 2 kg Kalbsbraten (aus der Keule)
- 5 Zwiebeln
- 5–6 Knoblauchzehen
- 500 g Möhren
- 250 g Staudensellerie
- 500 g Tomaten
- 5 EL Olivenöl
- Salz ♥ Pfeffer
- 250 ml trockener Rotwein
- 3 TL klare Brühe (instant)
- 1 Bund Petersilie
- abgeriebene Schale von 1 Bio-Zitrone

1 Fleisch trocken tupfen und in 3–4 cm große Würfel schneiden. Zwiebeln schälen und grob würfeln. Knoblauch schälen, 2 Zehen beiseitelegen, Rest fein hacken. Möhren und Sellerie schälen bzw. putzen, waschen und in kleine Würfel schneiden. Tomaten waschen und grob würfeln.

2 4 EL Öl in einem großen Bräter erhitzen. Fleisch darin portionsweise kräftig anbraten. Knoblauch, Zwiebeln, Möhren und Sellerie kurz mitbraten. Mit Salz und Pfeffer würzen. Tomaten zufügen. Alles ca. 10 Minuten schmoren. Wein und 750 ml heißes Wasser angießen, Brühe einrühren. Alles aufkochen und zugedeckt ca. 1 ¾ Stunden schmoren.

3 Petersilie waschen. Petersilie und übrige Knoblauchzehen sehr fein hacken. Petersilie, Knoblauch, Zitronenschale und 1 EL Öl mischen. Ragout mit Salz und Pfeffer abschmecken. Mit Petersilienmischung bestreut anrichten. Dazu passen Bandnudeln oder Ciabatta.

ZUBEREITUNGSZEIT ca. 2½ Std.
PORTION ca. 380 kcal
E 54 g · F 11 g · KH 9 g

PARTYREZEPTE

Tortellini-Hack-Eintopf

ZUTATEN FÜR 8 PERSONEN
- 2 Zwiebeln
- 2 Knoblauchzehen
- 3 EL Öl
- 1 kg Rinderhack
- 2 EL Tomatenmark
- Salz ♥ Pfeffer ♥ Zucker
- 1 TL Chiliflocken
- 2 TL Edelsüßpaprika
- 4 TL Gemüsebrühe (instant)
- 2 Dosen (à 400 g) Kirschtomaten
- 1 Glas (à 720 ml) kleine weiße Bohnen
- 400 g Tortelloni (Kühlregal)
- 5 Stiele Petersilie
- 200 g Schmand

1 Zwiebeln und Knoblauch schälen und fein hacken. Öl in einem weiten Topf erhitzen. Hack darin krümelig anbraten. Zwiebeln und Knoblauch zugeben und kurz mitbraten. Tomatenmark einrühren und anschwitzen. Mit Salz, Pfeffer, 1 TL Zucker, Chili und Edelsüßpaprika würzen. Mit 800 ml Wasser ablöschen. Brühe und Tomaten zufügen. Alles aufkochen und zugedeckt 15–20 Minuten köcheln. Dabei gelegentlich umrühren.

2 Bohnen abgießen, abpülen und abtropfen lassen. Bohnen und Tortelloni zum Eintopf geben, unterrühren und zugedeckt weitere 8–10 Minuten garen.

3 Petersilie waschen, Blättchen grob hacken und unter den Eintopf rühren. Mit Salz und Pfeffer abschmecken. Schmand dazu reichen.

ZUBEREITUNGSZEIT ca. 45 Min.
PORTION ca. 540 kcal
E 35 g · F 28 g · KH 32 g

PARTYREZEPTE

Mitternachtssuppe

ZUTATEN FÜR 6–8 PERSONEN
- 1 Brötchen (vom Vortag)
- 2 Zwiebeln
- 2 Knoblauchzehen
- 500 g Möhren
- 200 g Gewürzgurken
- 1 Glas (370 ml) Silberzwiebeln
- 750 g gemischtes Hack
- 1 Ei ♥ Salz ♥ Pfeffer
- 2 EL Öl
- 2 Dosen (à 850 ml) Tomaten
- 2 EL klare Brühe (instant)
- 5 Stiele Petersilie
- Chilipulver ♥ Zucker
- 150 g Crème fraîche
- 100 g Tortillachips

1 Brötchen in kaltem Wasser einweichen. Zwiebeln und Knoblauch schälen und fein würfeln. Möhren schälen und waschen. Möhren und Gewürzgurken in Würfel schneiden. Silberzwiebeln abtropfen lassen.

2 FÜR DIE HACKBÄLLCHEN Hack, ausgedrücktes Brötchen, Ei, jeweils Hälfte Zwiebeln und Knoblauch verkneten. Mit Salz und Pfeffer würzen. Aus der Masse kleine Bällchen formen.

3 Öl in einem großen Topf erhitzen. Hackbällchen darin rundherum braun braten. Herausnehmen. Möhren, Rest Zwiebeln und Knoblauch im heißen Bratfett andünsten. Tomaten samt Saft zufügen, Tomaten mit dem Pfannenwender etwas zerkleinern. 1 l Wasser und Brühe einrühren. Alles aufkochen und zugedeckt ca. 20 Minuten köcheln.

4 Petersilie waschen, Blättchen fein hacken. Hackbällchen, Silberzwiebeln, Gewürzgurken und Petersilie in die Suppe geben und kurz erhitzen. Mit Chili, Salz, Pfeffer und 1 Prise Zucker abschmecken. Crème fraîche und Tortillachips dazu reichen.

ZUBEREITUNGSZEIT ca. 1¼ Std.
PORTION ca. 450 kcal
E 25 g · F 30 g · KH 17 g

Selbst gekochte Fonds

Eine gute Brühe zu kochen, braucht ein bisschen Zeit. Doch man wird reichlich belohnt: mit einer herrlich aromatischen, natürlichen Basis für Suppen und Eintöpfe

Gemüsebrühe

ZUTATEN FÜR CA. 2 L
- 2 Bund Suppengrün • 2 Zwiebeln
- 2 Knoblauchzehen • 1 Tomate
- 5 Stiele Thymian • 5 Stiele Petersilie • Salz
- 2 Lorbeerblätter • 1 EL Pfefferkörner
- 4 Gewürznelken • Pfeffer

1 Suppengrün putzen bzw. schälen, waschen und grob würfeln. Zwiebeln halbieren. Knoblauchzehen mit einem Messerrücken flach drücken. Tomate waschen, halbieren. Thymian und Petersilie waschen. Petersilienblättchen abschneiden und anderweitig (z. B. zum Garnieren) verwenden.

2 Suppengrün, Zwiebeln, Knoblauch, Tomate, Thymian, Petersilienstiele, 2 TL Salz, Gewürze und ca. 2 ½ l kaltes Wasser in einen großen weiten Topf geben. Langsam aufkochen, offen ca. 1 Stunde köcheln. Brühe durch ein feines Sieb gießen. Mit Salz und Pfeffer abschmecken.

ZUBEREITUNGSZEIT ca. 1 ½ Std.

Rinderbrühe

ZUTATEN FÜR CA. 2 L
- 1 Bund Suppengrün
- 2 Zwiebeln • 1 Bund Petersilie
- 800 g Suppenfleisch (z. B. Beinscheibe)
- 1 kg Rinderknochen • Salz
- 3 Lorbeerblätter • 4 Gewürznelken
- 1 TL schwarze Pfefferkörner • Pfeffer

1 Suppengrün putzen bzw. schälen, waschen und in grobe Stücke schneiden. Zwiebeln halbieren. Petersilie waschen, Blättchen abschneiden und anderweitig (z. B. zum Garnieren) verwenden. Fleisch und Knochen abspülen.

2 Zwiebeln in einem großen weiten Topf auf den Schnittflächen anrösten. Fleisch, Knochen und ca. 2 ½ l kaltes Wasser zufügen. Langsam aufkochen, dabei entstehenden Schaum mit einer Schaumkelle entfernen.

3 Suppengrün, 2 TL Salz und Gewürze zufügen. Alles offen ca. 2 Stunden köcheln. Brühe durch ein feines Sieb gießen. Mit Salz und Pfeffer abschmecken.

ZUBEREITUNGSZEIT ca. 2 ½ Std.

Hühnerbrühe

ZUTATEN FÜR CA. 2 L
- 1 Bund Suppengrün
- 2 Zwiebeln
- 4 Stiele Petersilie
- 1 küchenfertiges Suppenhuhn (ca. 1,5 kg)
- Salz
- 3 Lorbeerblätter
- 5 Gewürznelken
- 1 TL schwarze Pfefferkörner
- Pfeffer

1 Suppengrün putzen bzw. schälen, waschen und grob würfeln. Zwiebeln halbieren. Petersilie waschen, Blättchen abschneiden und anderweitig (z. B. zum Garnieren) verwenden. Huhn außen und innen gründlich abspülen.

2 Suppengrün, Zwiebeln, Petersilienstiele, Huhn, 2 TL Salz und Gewürze in einen großen weiten Topf geben. 2½–3 l kaltes Wasser angießen, bis das Huhn bedeckt ist. Alles langsam aufkochen, dabei öfter abschäumen. Offen ca. 1½ Stunden köcheln. Brühe durch ein feines Sieb gießen. Mit Salz und Pfeffer abschmecken.

ZUBEREITUNGSZEIT ca. 2 Std.

Fischbrühe

ZUTATEN FÜR CA. 2 L
- 300 g Knollensellerie
- 1 Stange Porree
- 4 Schalotten
- 1 kleine Knoblauchknolle
- 1 Bio-Zitrone
- 4 Stiele Thymian
- 1 kg Fischkarkassen von mageren Edelfischen (z. B. Zander, Hecht oder Scholle)
- Salz
- 2 Lorbeerblätter
- 1 TL weiße Pfefferkörner
- 3 Gewürznelken
- Pfeffer
- 500 ml trockener Weißwein

1 Gemüse putzen, bzw. schälen, waschen und in grobe Stücke schneiden. Schalotten schälen und halbieren. Knoblauchknolle quer halbieren. Zitrone heiß waschen und halbieren. Thymian waschen. Fischkarkassen gründlich abspülen.

2 Vorbereitete Zutaten, 2 TL Salz, Gewürze, Wein und knapp 2 l kaltes Wasser in einen großen, weiten Topf geben. Alles langsam aufkochen und offen ca. 30 Minuten köcheln. Brühe durch ein feines Sieb gießen. Mit Salz und Pfeffer abschmecken.

ZUBEREITUNGSZEIT ca. 1 Std.

Feine Suppen

Sie gelten als Königsklasse der Vorspeisen. Ob klar, cremig oder püriert – Suppen kitzeln den Gaumen, sollen leicht schmecken und Lust auf mehr machen. Lassen Sie sich von unseren Rezepten verführen!

FEINE SUPPEN

Kohlrabi-Kresse-Suppe

ZUTATEN FÜR 4 PERSONEN
- 2 Kohlrabi (ca. 750 g)
- 1 Zwiebel
- 2 EL Butter
- Salz ♥ Pfeffer
- 1 leicht gehäufter EL Mehl
- 2–3 TL Gemüsebrühe (instant)
- 2 Scheiben Toast
- 1 Beet Daikonkresse (s. Tipp)
- 100 g + 4 TL Crème fraîche
- Zucker

1 Kohlrabi schälen, waschen und in Stücke schneiden. Zwiebel schälen und fein würfeln.

2 Butter in einem Topf erhitzen. Zwiebel darin glasig dünsten. Kohlrabi zufügen und kurz mitdünsten. Mit Salz und Pfeffer würzen. Mehl darüberstäuben und kurz anschwitzen. Unter Rühren ca. 1 l Wasser zugießen und aufkochen. Brühe einrühren. Zugedeckt 15–20 Minuten köcheln.

3 Inzwischen Brotscheiben im Toaster rösten und in kleine Würfel schneiden. Kresse waschen und vom Beet schneiden.

4 Hälfte Kresse in die Suppe rühren. Suppe mit dem Stabmixer fein pürieren. 100 g Crème fraîche einrühren. Suppe mit Salz, Pfeffer und 1 Prise Zucker abschmecken. Kohlrabi-Kresse-Suppe mit je 1 TL Crème fraîche, Croûtons und Rest Kresse servieren

ZUBEREITUNGSZEIT ca. 45 Min.
PORTION ca. 250 kcal
E 5 g · F 17 g · KH 16 g

FEINE WÜRZE

Die aromatische rote und grüne Daikonkresse stammt aus Asien. Sie erhalten sie in Asialäden, bei Gemüsehändlern und in einigen Supermärkten. Alternativ können Sie auch Gartenkresse nehmen.

FEINE SUPPEN

Sommerliche Erbsensuppe mit Räucherforelle

ZUTATEN FÜR 4 PERSONEN
- 1 große Stange Porree
- 2 Kartoffeln
- 2 EL Butter
- 3–4 TL Gemüsebrühe (instant)
- 300 g TK-Erbsen
- Salz • Pfeffer
- 1 Baguettebrötchen
- 150 g Schlagsahne
- 1 Packung (125 g) geräucherte Forellenfilets

1 Porree putzen, waschen und in feine Ringe schneiden. Kartoffeln schälen, waschen und grob würfeln. Butter in einem Topf erhitzen. Porree darin andünsten. Etwas Porree herausnehmen.

2 Kartoffeln zufügen und ebenfalls kurz andünsten. 1 l Wasser angießen, aufkochen. Brühe einrühren. Gefrorene Erbsen, bis auf 2 EL, zufügen. Mit Salz und Pfeffer würzen. Zugedeckt ca. 10 Minuten köcheln.

3 Inzwischen Brötchen in lange dünne Scheiben schneiden und im Toaster goldbraun rösten.

4 Suppe mit Sahne verfeinern und erneut aufkochen. Mit dem Schneidstab fein pürieren. Übrige Erbsen zufügen und ca. 2 Minuten weiterköcheln.

5 Forellenfilets in Stücke schneiden. Suppe mit Salz und Pfeffer abschmecken. Mit Fisch und übrigem Porree anrichten. Röstbrot dazu reichen.

ZUBEREITUNGSZEIT ca. 25 Min.
PORTION ca. 310 kcal
E 14 g · F 17 g · KH 23 g

FEINE SUPPEN

Tomatensuppe mit Pesto-Schmand

ZUTATEN FÜR 4 PERSONEN
- 1 Zwiebel
- 1 Knoblauchzehe
- 2 EL Öl
- 1 gehäufter EL Mehl
- 1 EL Tomatenmark
- 1 Dose (850 ml) Tomaten
- 2 TL Gemüsebrühe (instant)
- Salz • Pfeffer
- 3 EL Crème fraîche
- 1 TL grünes Pesto (Glas)
- einige Spritzer Tabasco
- Zucker

1 Zwiebel und Knoblauch schälen und in feine Würfel schneiden. Öl in einem Topf erhitzen. Zwiebel und Knoblauch darin glasig dünsten. Mehl und Tomatenmark kurz mit anschwitzen. Tomaten samt Saft und 500 ml Wasser einrühren. Tomaten grob zerkleinern. Aufkochen und Brühe einrühren. Mit Salz und Pfeffer würzen. Zugedeckt ca. 15 Minuten köcheln.

2 Crème fraîche und Pesto verrühren. Suppe fein pürieren. Mit Salz, Tabasco und 1 Prise Zucker abschmecken, anrichten. Mit Pesto-Schmand und Pfeffer garnieren.

ZUBEREITUNGSZEIT ca. 50 Min.
PORTION ca. 300 kcal
E 9 g · F 16 g · KH 28 g

Dazu schmecken Crespelle-Spießchen

FÜR DEN TEIG 100 g Mehl, 125 ml Milch, 1 Ei (Gr. M) und **etwas Salz** verquirlen. Ca. 10 Minuten quellen lassen. **2 TL Öl** portionsweise in einer großen beschichteten Pfanne erhitzen. Aus dem Teig darin nacheinander 2 dünne Pfannkuchen backen. Abkühlen lassen. Pfannkuchen mit **2 TL Pesto** bestreichen, fest aufrollen, in Scheiben schneiden und auf **4 Holzspieße** stecken.

FEINE SUPPEN

Rote-Bete-Holunder-Suppe

ZUTATEN FÜR 4 PERSONEN
- 600 g Rote Beten
- 1 Zwiebel
- 2 Äpfel (z. B. Boskop)
- 1–2 EL Butter
- Salz ▾ Pfeffer
- Zucker
- 250 ml Holunderbeersaft
- 2 TL Gemüsebrühe (instant)
- ½ Beet Kresse (z. B. Daikonkresse)
- 50 g Crème double oder Mascarpone
- 2 TL Öl (z. B. Walnussöl)

1 Rote Beten schälen und klein schneiden (s. Tipp). Zwiebel schälen und würfeln. Äpfel waschen, vierteln, entkernen und würfeln.

2 Butter in einem Topf erhitzen. Zwiebel darin andünsten. Rote Beten und Äpfel kurz mitdünsten. Mit Salz, Pfeffer und 1 Prise Zucker würzen. 500 ml Wasser und Holunderbeersaft angießen, aufkochen. Brühe einrühren. Zugedeckt 20–30 Minuten köcheln.

3 Kresse vom Beet schneiden. Suppe mit dem Stabmixer fein pürieren. Mit Salz, Pfeffer und 1 Prise Zucker abschmecken. In vier Tellern anrichten. Crème double glatt rühren und in Schlieren in die Suppe rühren. Mit Öl beträufeln. Kresse darüberstreuen. Dazu schmeckt Ciabatta.

ZUBEREITUNGSZEIT ca. 50 Min.
PORTION ca. 230 kcal
E 4 g · F 11 g · KH 27 g

FARBINTENSIV
Ungegarte Rote Beten färben stark. Tragen Sie beim Schälen und Kleinschneiden der Knollen deshalb am besten Einmalhandschuhe.

FEINE SUPPEN

Cremige Kürbissuppe

ZUTATEN FÜR 10 PERSONEN
- 1 kg Hokkaidokürbis
- 500 g Kartoffeln
- 2 Zwiebeln
- 2 Knoblauchzehen
- 3 EL Öl
- Salz • Pfeffer
- 1 Messerspitze Zimt
- 3–4 TL Gemüsebrühe (instant)
- 150 g Crème fraîche

1 Kürbis waschen, vierteln, entkernen und in Stücke schneiden. Kartoffeln schälen, waschen und klein schneiden. Zwiebeln und Knoblauch schälen und fein würfeln.

2 Öl in einem großen Topf erhitzen. Zwiebeln und Knoblauch darin andünsten. Kürbis und Kartoffeln zufügen und kurz mitdünsten. Mit Salz, Pfeffer und Zimt würzen. Mit knapp 2 l Wasser ablöschen. Aufkochen, Brühe einrühren und zugedeckt ca. 30 Minuten köcheln.

3 Suppe mit dem Stabmixer fein pürieren. Mit Salz und Pfeffer abschmecken. Mit Crème fraîche anrichten.

ZUBEREITUNGSZEIT ca. 1 Std.
PORTION ca. 180 kcal
E 3 g · F 8 g · KH 23 g

Dazu schmeckt Apfel-Mandel-Pesto

100 g Mandelkerne (mit Haut) in einer Pfanne ohne Fett ca. 5 Minuten rösten, herausnehmen. **2 Bund Petersilie** waschen und fein hacken. **2 Äpfel (z. B. Jonagold)** waschen, vierteln, entkernen und sehr fein würfeln. Mandeln hacken. Petersilie, Mandeln, Äpfel, **100 ml Öl** und **2 EL Zitronensaft** verrühren. Pesto mit **Salz** und **Pfeffer** abschmecken.

FEINE SUPPEN

Brokkoli-Cremesüppchen

ZUTATEN FÜR 4 PERSONEN
- 500 g Brokkoli
- 1 Zwiebel
- 1 EL Butter
- 2 TL Gemüsebrühe (instant)
- 1 Möhre
- 150 g Schlagsahne
- Salz • Pfeffer
- Muskat

1 Brokkoli putzen, waschen und in Röschen teilen. Dicke Brokkolistiele schälen und klein schneiden. Zwiebel schälen und fein würfeln.

2 Butter in einem Topf erhitzen. Zwiebel darin andünsten. Brokkoli, bis auf einige kleine Röschen, zufügen. Gut 750 ml Wasser zugießen und aufkochen. Brühe einrühren. Zugedeckt 10–15 Minuten köcheln.

3 Inzwischen Möhre schälen, waschen und in sehr feine Streifen schneiden. Sahne halbsteif schlagen.

4 Suppe mit dem Stabmixer fein pürieren. Mit Salz, Pfeffer und Muskat abschmecken. Möhrenstreifen und übrige Brokkoliröschen darin 3–5 Minuten köcheln. Sahne unterziehen.

ZUBEREITUNGSZEIT ca. 40 Min.
PORTION ca. 180 kcal
E 4 g · F 15 g · KH 6 g

FEINE SUPPEN

Pilzbouillon mit Schnittlauch

ZUTATEN FÜR 4 PERSONEN
- 1 Bund Suppengrün
- 2 Tomaten
- 3 TL Öl
- 25 g getrocknete Mischpilze
- 1–2 TL Gemüsebrühe (instant)
- 8 kleine Champignons
- ½ Bund Schnittlauch
- Salz • Pfeffer
- 2 EL Sherry

1 Suppengrün putzen bzw. schälen und waschen. 1 Möhre und ca. ⅓ Porree beiseitelegen. Restliches Suppengrün klein schneiden. Tomaten waschen und halbieren.

2 2 TL Öl in einem Topf erhitzen. Suppengrün und Tomaten darin andünsten. Trockenpilze zufügen. Gut 1 l Wasser zugießen, aufkochen und Brühe einrühren. Ca. 30 Minuten köcheln.

3 Inzwischen übrige Möhre und Porree in feine Streifen schneiden. Champignons putzen, waschen und in dünne Scheiben schneiden. Schnittlauch waschen und in Röllchen schneiden.

4 Bouillon durch ein Sieb gießen. 1 TL Öl in dem Topf erhitzen. Champignons darin kräftig anbraten. Gemüsestreifen zufügen und kurz mitbraten. Mit Salz und Pfeffer würzen. Bouillon angießen, aufkochen und 2–3 Minuten köcheln. Mit Salz, Pfeffer und Sherry abschmecken. Mit Schnittlauch bestreuen.

ZUBEREITUNGSZEIT ca. 1 Std.
PORTION ca. 60 kcal
E 1 g • F 4 g • KH 3 g

FEINE SUPPEN

Käse-Sellerie-Creme mit Schinkenchips

ZUTATEN FÜR 4 PERSONEN
- 1 Zwiebel
- 250 g Knollensellerie
- 4 EL Butterschmalz
- 2 Scheiben roher Schinken
- 4 EL Mehl
- 375 ml Milch
- 1 TL Gemüsebrühe (instant)
- 100 g mittelalter Gouda (Stück)
- ¼ Bund Schnittlauch
- Salz ♥ Pfeffer ♥ Muskat

1 Zwiebel schälen und fein würfeln. Sellerie schälen, waschen und in kleine Würfel schneiden.

2 1 EL Butterschmalz in einem Topf erhitzen. Schinken darin knusprig braten. Herausnehmen.

3 2 EL Butterschmalz im Bratfett erhitzen. Zwiebel darin andünsten. Mehl darüberstäuben und hell anschwitzen. 500 ml Wasser und Milch unter Rühren zugießen. Brühe und Sellerie einrühren, aufkochen und 5–7 Minuten köcheln.

4 Käse reiben. Schnittlauch waschen und in Röllchen schneiden. Schinken in kleine Stücke brechen.

5 Käse in die Suppe rühren und darin schmelzen. Suppe mit Salz, Pfeffer und Muskat abschmecken. Mit Schinken und Schnittlauch anrichten. Dazu schmeckt geröstetes Bauernbrot.

ZUBEREITUNGSZEIT ca. 30 Min.
PORTION ca. 330 kcal
E 14 g · F 23 g · KH 14 g

FEINE SUPPEN

Spinatsuppe mit Crème fraîche

ZUTATEN FÜR 4 PERSONEN
- 1 Zwiebel
- 1 Knoblauchzehe
- 1 EL Butter
- 2 EL Mehl
- 1 TL Gemüsebrühe (instant)
- 500 g TK-Rahmspinat
- Salz • Pfeffer • Muskat
- 150 g Crème fraîche

1 Zwiebel und Knoblauch schälen und fein würfeln. Butter in einem Topf erhitzen. Zwiebel und Knoblauch darin glasig dünsten. Mehl darüberstäuben und hell anschwitzen. 500 ml Wasser unter Rühren zugießen und aufkochen. Brühe einrühren. Spinat zufügen und zugedeckt ca. 15 Minuten auftauen.

2 Suppe mit dem Stabmixer fein pürieren. Mit Salz, Pfeffer und Muskat abschmecken. Crème fraîche, bis auf 4 TL, einrühren. Suppe mit Rest Crème fraîche anrichten.

ZUBEREITUNGSZEIT ca. 35 Min.
PORTION ca. 230 kcal
E 3 g • F 17 g • KH 11 g

Dazu schmeckt Radieschenbrot

1 EL Butter in einer großen beschichteten Pfanne erhitzen. **2 Scheiben Schwarzbrot** halbieren und darin von beiden Seiten rösten. Herausnehmen und etwas abkühlen lassen. **8 Radieschen** putzen, waschen und in feine Streifen schneiden. **2 Stiele glatte Petersilie** waschen und fein hacken. **1 EL Weißweinessig, Salz, Pfeffer** und **1 Prise Zucker** verrühren. **1 TL Öl** darunterschlagen. Mit Radieschen und Petersilie mischen. Auf den Brotscheiben verteilen.

FEINE SUPPEN

Kartoffel-Steinpilz-Suppe

ZUTATEN FÜR 4 PERSONEN
- 10 g getrocknete Steinpilze
- 1 Bund Suppengrün
- 1 Zwiebel
- 100 g Speckwürfel
- 1 Lorbeerblatt
- 750 g mehligkochende Kartoffeln
- Salz ♥ Pfeffer
- ½ Bund Schnittlauch
- 200 g Schlagsahne

1 Pilze abspülen und in 100 ml lauwarmem Wasser einweichen. Suppengrün putzen bzw. schälen und waschen. Zwiebel schälen. Suppengrün und Zwiebel grob würfeln.

2 Speckwürfel in einem Topf ohne zusätzliches Fett knusprig braten. Herausnehmen. Zwiebel im Speckfett andünsten. Suppengrün, Lorbeer und 1–1,25 l Wasser zufügen. Aufkochen und zugedeckt ca. 20 Minuten köcheln.

3 Inzwischen Kartoffeln schälen, waschen und in kleine Würfel schneiden. Pilze abtropfen lassen, dabei das Einweichwasser auffangen. Pilze fein hacken. Kartoffeln und Pilze samt Einweichwasser zur Brühe geben. Mit Salz und Pfeffer würzen. Zugedeckt weitere ca. 20 Minuten köcheln.

4 Schnittlauch waschen und in Röllchen schneiden. Lorbeer aus der Brühe nehmen. Gemüse und Kartoffeln in der Brühe pürieren. Sahne einrühren. Suppe mit Salz und Pfeffer abschmecken. Mit Speck und Schnittlauch anrichten.

ZUBEREITUNGSZEIT ca. 1 Std.
PORTION ca. 340 kcal
E 12 g · F 21 g · KH 26 g

FEINE SUPPEN

Asiasuppe mit Beefhackbällchen

ZUTATEN FÜR 4 PERSONEN
- 1 Stange Zitronengras
- 1 Stück (ca. 4 cm) Ingwer
- 2 Kaffirlimettenblätter (Asialaden)
- 4–5 TL klare Brühe (instant)
- 250 g Mie-Nudeln
- 2 Lauchzwiebeln
- 400 g Möhren
- 400 g Beefhack (Tatar)
- Salz • Pfeffer
- 1 Bund Koriander
- 1 Bio-Limette

1 Äußere Blätter vom Zitronengras entfernen. Zitronengras längs halbieren. Ingwer schälen und in dünne Scheiben schneiden. Limettenblätter waschen. 1,5 l Wasser mit Brühe, Zitronengras, Ingwer und Limettenblättern aufkochen und zugedeckt ca. 15 Minuten köcheln.

2 Nudeln mit reichlich kochendem Wasser in einer Schüssel übergießen und nach Packungsanweisung ziehen lassen. Dann abgießen.

3 Lauchzwiebeln putzen, waschen und in feine Ringe schneiden. Möhren schälen, waschen und in Stifte schneiden.

4 FÜR DIE HACKBÄLLCHEN Hack mit Salz und Pfeffer würzen und daraus ca. 25 Bällchen formen. In die siedende Brühe geben und ca. 8 Minuten garen. Nach ca. 4 Minuten Möhren zufügen und mitgaren.

5 Koriander waschen, Blättchen abzupfen. Limette heiß waschen und in Scheiben schneiden. Zitronengras und Limettenblätter aus der Brühe entfernen. Brühe mit Salz und Pfeffer abschmecken. Nudeln darin kurz erhitzen. Lauchzwiebeln und Limettenscheiben darin kurz ziehen lassen. Koriander einrühren.

ZUBEREITUNGSZEIT ca. 45 Min.
PORTION ca. 330 kcal
E 29 g · F 7 g · KH 36 g

Raffinierte Extras

Mit leckeren Toppings und knusprigen Beilagen peppen Sie Ihr Lieblingssüppchen immer wieder neu auf

Zum Draufstreuen

1 Am naheliegendsten ist es, das in der Suppe enthaltene Gemüse darüberzustreuen. Dafür zum Beispiel für eine Brokkolicremesuppe einige **BROKKOLIRÖSCHEN** vor dem Pürieren aus der Brühe nehmen oder separat in Salzwasser garen.

2 Für **FLEISCHBÄLLCHEN** Hack zu Klößchen formen und braten. Passt auch gut zu Maiscremesuppe sowie als Einlage in klarer Brühe.

3 Ein **KERNEMIX** bringt Biss auf den Löffel, etwa bei Kürbissuppen. Dafür Sesam, Sonnenblumen-, Kürbis- und Erdnusskerne einzeln oder gemischt in einer Pfanne ohne Fett rösten.

4 **RÄUCHERLACHS** in dünne Streifen geschnitten sorgt für eine edle Note z. B. in cremiger Kartoffelsuppe.

5 Hart gekochte **EIER** fein hacken und als Farbklecks beispielsweise auf Rote-Bete-Suppe streuen.

Zum Dazureichen

CHORIZO-GRISSINI

ZUTATEN FÜR CA. 36 STÜCK

3 Zweige Rosmarin waschen, Nadeln grob hacken. **100 g Chorizo (in Scheiben)** in Streifen schneiden. **1 Packung Pizzateig (Kühlregal)** entrollen. Mit Chorizo, Rosmarin und **etwas grobem Meersalz** bestreuen. Teigplatte längs halbieren, quer in Streifen schneiden und zu Stangen drehen. Auf 2 mit **Backpapier** ausgelegte Backbleche legen. Nacheinander im vorgeheizten Backofen (E-Herd: 200 °C/Umluft: 180 °C/Gas: s. Hersteller) ca. 7 Minuten backen.

ZUBEREITUNGSZEIT ca. 25 Min.

SCHWEINCHENBRÖTCHEN

ZUTATEN FÜR 11 STÜCK

Teig von **3 Dosen (à 4 Stück) Sonntagsbrötchen (Kühlregal)** aus der Packung nehmen. 11 Teigstücke zu runden Brötchen formen und auf ein mit **Backpapier** ausgelegtes Backblech setzen. Aus dem 12. Teigstück 33 kleine Kugeln formen, mit Wasser bestreichen und als Ohren und Nasen auf die Brötchen setzen. Mit einem **Holzspieß** Löcher in die Nasen drücken. **22 Gewürznelken** als Augen in die Brötchen stecken. Brötchen mit **etwas Milch** bestreichen. Im heißen Ofen (E-Herd: 200 °C/Umluft: 180 °C/Gas: s. Hersteller) ca. 20 Minuten backen.

ZUBEREITUNGSZEIT ca. 1 Std.

OLIVEN-BRUSCHETTA

ZUTATEN FÜR 8 STÜCK

10 grüne Oliven (ohne Stein) in Scheiben schneiden. **1 Zwiebel** schälen. **4 kleine Tomaten** waschen, entkernen. Zwiebel und Tomaten fein würfeln. **3 Stiele Basilikum** waschen, Blättchen in Streifen schneiden. Alles in einer Schüssel mit **1 EL Olivenöl** mischen. Mit **Salz** und **Pfeffer** abschmecken. **8 Scheiben Baguette** in einer Pfanne ohne Fett von beiden Seiten anrösten. Mit der Tomatenmischung belegen.

ZUBEREITUNGSZEIT ca. 15 Min.

GEFÜLLTE LAUGENSTANGEN

ZUTATEN FÜR CA. 12 STÜCK

Von **3 Laugenstangen** die Enden abschneiden. Stangen mit einem Kochlöffelstiel aushöhlen. Krume fein hacken. **4 Stiele Petersilie** waschen, fein hacken. **1 Scheibe (ca. 75 g) Leberkäse** fein würfeln. **200 g Kräuterfrischkäse, 2–3 EL Milch,** Brösel, Petersilie und Leberkäse unterrühren. Mit **Pfeffer** abschmecken. Masse in einen **Einmalspritzbeutel** geben und Stangen von beiden Seiten damit füllen. Ca. 30 Minuten kalt stellen. In Stücke schneiden.

ZUBEREITUNGSZEIT ca. 25 Min. + Wartezeit ca. 30 Min.

BLÄTTERTEIGLÖFFEL „CAPRESE"

ZUTATEN FÜR CA. 12 STÜCK

FÜR DIE LÖFFEL 6 Scheiben (à 75 g) TK-Blätterteig nebeneinanderlegen und auftauen lassen. Aus jeder Scheibe je zwei Löffel ausschneiden (s. Abb. 1). Teigabschnitte anderweitig verwenden. Teiglöffel auf ein mit **Backpapier** ausgelegtes Backblech legen, je eine Kugel **Alufolie** unter die Stiele legen (s. Abb. 2). **1 Ei** verquirlen, Löffel damit bestreichen. Im heißen Ofen (E-Herd: 200 °C/Umluft: 180 °C/Gas: s. Hersteller) ca. 12 Minuten backen. Auskühlen lassen. **FÜR DEN BELAG 250 g Kirschtomaten** waschen. **2 EL Öl** in einer Pfanne erhitzen. Tomaten darin ca. 5 Minuten braten. Mit **Salz** würzen. **125 g Mozzarella** in kleine Stücke zupfen. **6 Stiele Basilikum** waschen, Blättchen abzupfen. Blätterteiglöffel mit Mozzarella, Tomaten und Basilikum belegen. Mit **ca. 3 EL Pesto (Glas)** beträufeln. Übrige Tomaten dazu reichen.

ZUBEREITUNGSZEIT ca. 50 Min. + Wartezeit ca. 30 Min.

SCHABLONE Ein normaler Teelöffel reicht als Vorlage zum Ausschneiden des Teigs.

UNTERLAGE Für die Biegung des Löffelstiels vor dem Backen eine kleine Kugel aus Alufolie darunterlegen.

Aus dem Ofen

Schauen Sie in die Röhre! Es brutzelt herrlich, Duft erfüllt die Küche. Das Erfolgsgeheimnis: eine gute Vorbereitung und ein wenig Geduld

AUS DEM OFEN

Ofengyros spezial

ZUTATEN FÜR 10–12 PERSONEN
- 2 kg Schweineschnitzel
- 2 Gemüsezwiebeln
- 2–3 EL Gyrosgewürzsalz
- 4–5 EL Olivenöl
- 2 rote Paprikaschoten
- 500 g kleine Champignons
- 6–8 Stiele Thymian
- 450 g Crème fraîche
- 200 g Schlagsahne
- Salz ♥ Pfeffer
- 100 g Gouda (Stück)

1 Fleisch trocken tupfen und in feine Streifen schneiden. Zwiebeln schälen, halbieren und in Streifen schneiden. Mit Fleisch, Gyrosgewürzsalz und Olivenöl gut mischen. Zugedeckt an einem kühlen Ort ca. 1 Stunde ziehen lassen.

2 Gyrosfleisch gleichmäßig in einer Fettpfanne oder großen Ofenform verteilen. Im vorgeheizten Backofen (E-Herd: 200 °C/ Umluft: 180 °C/Gas: s. Hersteller) zunächst ca. 1 Stunde braten.

3 Inzwischen Paprika putzen, waschen und in Stücke schneiden. Pilze putzen, waschen und halbieren. Thymian waschen, Blättchen abstreifen und hacken.

4 Gyros aus dem Ofen nehmen. Pilze, Paprika und Thymian untermischen. Bei gleicher Temperatur ca. 20 Minuten weiterbraten.

5 Crème fraîche und Sahne glatt rühren. Mit Salz und Pfeffer würzen. Käse fein reiben. Crème-fraîche-Guss gleichmäßig über das Gyros gießen. Käse darüberstreuen. Alles 45–50 Minuten goldgelb zu Ende backen. Dazu schmecken Laugenbrezeln.

ZUBEREITUNGSZEIT ca. 2 ½ Std. + Wartezeit ca. 1 Std.
PORTION ca. 440 kcal
E 43 g · F 26 g · KH 5 g

AUS DEM OFEN

Kartoffel-Lachs-Gratin mit Dillsahne

ZUTATEN FÜR 4 PERSONEN
- 1 Bund Dill
- 200 ml Milch
- 200–300 g Schlagsahne
- 1 kg Kartoffeln
- 1 Knoblauchzehe
- Fett für die Form
- Salz ♥ Muskat
- 250 g Kirschtomaten
- 600 g Lachsfilet ohne Haut
- Pfeffer

1 Dill waschen, Fähnchen abzupfen und fein schneiden. Milch, 200 g Sahne und Dill verrühren. Kartoffeln schälen, waschen und in dünne Scheiben hobeln.

2 Knoblauch halbieren und eine große Auflaufform (ca. 26 x 40 cm) damit ausreiben. Form dann fetten. Kartoffelscheiben in die Form schichten, dabei mit Salz und Muskat würzen. Zuletzt Sahneguss darübergießen, bis die Kartoffeln ganz bedeckt sind, evtl. noch etwas Sahne darübergießen. Im vorgeheizten Backofen (E-Herd: 230 °C/Umluft: 210 °C/Gas: s. Hersteller) ca. 1 Stunde garen.

3 Tomaten waschen und halbieren. Lachs waschen, trocken tupfen und in 4 Stücke schneiden. Mit Salz und Pfeffer würzen. Nach ca. 45 Minuten Lachs und Tomaten auf den Kartoffeln verteilen (s. Tipp). Alles fertig garen.

ZUBEREITUNGSZEIT ca. 1 ¼ Std.
PORTION ca. 650 kcal
E 37 g · F 38 g · KH 35 g

SO WIRD DER LACHS SAFTIG
Die Kartoffeln mit Sahneguss bedecken und separat vorbacken. Der Lachs ist schneller gar und wird erst später auf dem Gratin mitgebacken.

AUS DEM OFEN

Piri-piri-Hähnchen

ZUTATEN FÜR 4 PERSONEN
- 4 EL Olivenöl
- Salz ♥ Pfeffer ♥ Chiliflocken
- 250 g Kirschtomaten ♥ 4 Knoblauchzehen
- 1 küchenfertiges Hähnchen (ca. 1,5 kg)
- 200 g Chorizo (spanische Paprikawurst; ersatzweise Kabanossi)

1 FÜR DAS WÜRZÖL Öl, 1 ½ TL Salz, je 1 gestrichenen TL Pfeffer und Chiliflocken verrühren. Kirschtomaten waschen. Knoblauch schälen und in Scheiben schneiden. Hähnchen in Stücke teilen (s. Tipp), abspülen, trocken tupfen. Rundherum mit Würzöl einreiben.

2 Fleisch mit Knoblauch und Tomaten in eine Auflaufform geben. Im vorgeheizten Backofen (E-Herd: 180 °C/Umluft: 160 °C/Gas: s. Hersteller) ca. 1 Stunde braten. Chorizo in Scheiben schneiden und nach ca. 40 Minuten um das Fleisch verteilen.

ZUBEREITUNGSZEIT ca. 1 ½ Std.
PORTION ca. 810 kcal
E 68 g · F 55 g · KH 6 g

„SCHNITTMUSTER"
Zerteilen Sie das ganze Hähnchen in Ober- und Unterkeulen, Flügel, Brust und Rücken.

Dazu schmeckt Tomatensalsa

250 g Kirschtomaten waschen. **1 rote Chilischote** waschen. Eine Pfanne ohne Fett erhitzen. Tomaten, Chili und **2 Knoblauchzehen mit Schale** darin ca. 10 Minuten rösten. Alles herausnehmen. **1 kleine Zwiebel** schälen und fein würfeln. **6 Stiele Koriander** oder **glatte Petersilie** waschen und grob hacken. Gerösteten Knoblauch schälen. Chili evtl. entkernen, beides sehr fein hacken und in eine Schüssel füllen. Geröstete Tomaten zufügen und mit einer Gabel zerdrücken. Zwiebel, Koriander und **2–3 EL Limettensaft** unterrühren. Mit **Salz** abschmecken.

AUS DEM OFEN

vegetarisch

Mediterranes Röstgemüse mit Feta

ZUTATEN FÜR 4 PERSONEN
- 3 Zwiebeln
- 2 Knoblauchzehen
- 1 kg Paprikaschoten (z. B. grün, rot und gelb)
- 1,2 kg Kartoffeln
- 1 Zweig Rosmarin
- 1 TL getrocknete italienische Kräuter
- Salz • Pfeffer
- 1 TL Gemüsebrühe (instant)
- 4 EL Olivenöl
- 125 g Feta
- 2–3 EL Oliven (z. B. schwarz und grün)

1 Zwiebeln und Knoblauch schälen. Zwiebeln in Spalten schneiden, Knoblauch fein hacken. Paprika putzen, waschen und in große längliche Stücke schneiden. Kartoffeln schälen, waschen und je nach Größe längs halbieren oder vierteln. Rosmarin waschen, Nadeln abzupfen.

2 Vorbereitete Zutaten in einer großen Auflaufform mit italienischen Kräutern, Salz und Pfeffer mischen. Brühe in 375 ml heißem Wasser auflösen und angießen. Alles mit Öl beträufeln. Im vorgeheizten Backofen (E-Herd: 200 °C/Umluft: 180 °C/Gas: s. Hersteller) ca. 45 Minuten backen.

3 Käse mit den Fingern fein zerbröckeln oder grob raspeln. Feta und Oliven über das Gemüse streuen und ca. 10 Minuten weiterbacken.

ZUBEREITUNGSZEIT ca. 1 ¼ Std.
PORTION ca. 410 kcal
E 13 g · F 19 g · KH 45 g

AUS DEM OFEN

Geschmorter Bauerneintopf

ZUTATEN FÜR 6 PERSONEN
- 1 Bund Suppengrün
- 1 Weißkohl (ca. 1 kg)
- 2 Zwiebeln
- 1 kg Kartoffeln
- 2 Lorbeerblätter
- 4 TL Gemüsebrühe (instant)
- Pfeffer ♥ Salz
- 6 Kasselernackensteaks (à ca. 180 g)

1 Suppengrün putzen bzw. schälen, waschen und in kleine Würfel schneiden. Weißkohl putzen, waschen und in Streifen vom Strunk schneiden. Zwiebeln schälen und fein würfeln. Kartoffeln schälen, waschen und in grobe Stücke schneiden.

2 Vorbereitete Zutaten und Lorbeer in einem großen Bräter mit Deckel mischen. Brühe in ca. 1,75 l kochendem Wasser auflösen, mit Pfeffer und eventuell etwas Salz würzen. Über das Gemüse gießen. Kasseler trocken tupfen und darauflegen. Deckel daraufsetzen und im vorgeheizten Backofen (E-Herd: 180°C/Umluft: 180°C/Gas: s. Hersteller) ca. 1 ½ Stunden schmoren.

3 Deckel vom Bräter abnehmen. Bauerneintopf unter dem heißen Backofengrill auf höchster Stufe 5–7 Minuten übergrillen. Dazu schmeckt Senf.

ZUBEREITUNGSZEIT ca. 2 ¼ Std.
PORTION ca. 390 kcal
E 35 g · F 12 g · KH 32 g

AUS DEM OFEN

Hähnchenfilets alla toscana

ZUTATEN FÜR 4 PERSONEN
- 4 Zwiebeln
- 1 Knoblauchzehe
- 1 kg reife Tomaten
- 800 g Hähnchenfilet
- Salz • Pfeffer
- Edelsüßpaprika
- 2–3 EL Öl
- 2 EL Tomatenmark
- 1 EL Zucker
- 4 EL heller Balsamico-Essig
- 50 g Parmesan (Stück)
- 4 EL geröstete ungesalzene Erdnüsse

1 Zwiebeln und Knoblauch schälen und fein würfeln. Tomaten waschen und in grobe Stücke schneiden. Hähnchenfilets abspülen, trocken tupfen und quer halbieren. Mit Salz, Pfeffer und Edelsüßpaprika würzen.

2 Öl in einer großen ofenfesten Pfanne erhitzen. Fleisch darin rundherum kräftig anbraten. Herausnehmen.

3 Zwiebeln und Knoblauch im heißen Bratfett andünsten. Tomatenmark und Zucker einrühren und kurz anschwitzen. Tomaten und Essig zugeben. Mit Salz, Pfeffer und Edelsüßpaprika würzen. Alles bei schwacher Hitze offen ca. 20 Minuten köcheln.

4 Inzwischen Parmesan fein reiben. Hähnchenfilets in die Tomatensoße setzen, mit Parmesan und Erdnüssen bestreuen. Im vorgeheizten Backofen (E-Herd: 200 °C/Umluft: 180 °C/Gas: s. Hersteller) ca. 35 Minuten garen. Dazu schmeckt Fladenbrot.

ZUBEREITUNGSZEIT ca. 1 ¼ Std.
PORTION ca. 530 kcal
E 55 g · F 27 g · KH 14 g

AUS DEM OFEN

Schnitzelauflauf

ZUTATEN FÜR 8 PERSONEN
- 1 Dose (850 ml) ganze Champignons
- 3–4 Gemüsezwiebeln (ca. 1 kg)
- 1,2 kg Schweineschnitzel
- 400 g Schlagsahne
- 2 Flaschen (à 220 ml) Hot-Chili-Soße
- Salz • Cayennepfeffer
- 150–200 g mittelalter Gouda (Stück)

1 Champignons auf einem Sieb abtropfen lassen. Zwiebeln schälen, halbieren und in Scheiben schneiden. Schnitzel trocken tupfen und in dicke Streifen schneiden.

2 Fleisch mit Zwiebeln und Champignons mischen und in eine Auflaufform füllen. Sahne, Chilisoße, etwas Salz und Cayennepfeffer verrühren und über die Fleischmischung gießen. Käse darüberreiben.

3 Schnitzel im vorgeheizten Backofen (E-Herd: 200 °C/Umluft: 180 °C/Gas: s. Hersteller) ca. 45 Minuten schmoren. Dazu schmeckt frisches Baguette.

ZUBEREITUNGSZEIT ca. 1 ¼ Std.
PORTION ca. 450 kcal
E 44 g • F 25 g • KH 15 g

WENN GÄSTE KOMMEN

Sie können Fleisch und Soße auch schon am Vortag in die Auflaufform geben und zugedeckt über Nacht in den Kühlschrank stellen. Kurz vor dem Garen mit Käse bestreuen.

AUS DEM OFEN

Hähnchenkeulen mit Ofengemüse

ZUTATEN FÜR 4 PERSONEN
- 4 Hähnchenkeulen (à ca. 250 g)
- Salz • Pfeffer
- 2 EL flüssiger Honig
- 6 EL Olivenöl
- 400 g Champignons (z. B. weiße und braune)
- 1 Glas (425 ml) Artischockenherzen
- 1 kg kleine Kartoffeln
- 1 Knoblauchknolle
- 1 Bio-Zitrone
- 5 Zweige Rosmarin

1 Hähnchenkeulen abspülen und trocken tupfen. Mit Salz und Pfeffer würzen. Honig und 2 EL Öl verrühren. Keulen damit rundherum einstreichen. Pilze putzen, waschen, halbieren. Artischocken abgießen und abtropfen lassen. Kartoffeln gründlich waschen und halbieren. Knoblauchknolle schräg halbieren. Zitrone heiß waschen, Schale fein abreiben. Zitrone auspressen. Rosmarin waschen und grob zerzupfen.

2 Kartoffeln, Pilze, Artischocken, Rosmarin, Zitronenschale und -saft mit 4 EL Öl, Salz und Pfeffer mischen und in eine große Auflaufform geben. Hähnchenkeulen, Knoblauchhälften und die ausgedrückten Zitronenhälften mit in die Form geben. Alles im vorgeheizten Backofen (E-Herd: 200 °C/Umluft: 180 °C/Gas: s. Hersteller) ca. 1 Stunde backen.

ZUBEREITUNGSZEIT ca. 1 ¼ Std.
PORTION ca. 700 kcal
E 54 g · F 34 g · KH 40 g

AUS DEM OFEN

Normannische Koteletts mit Apfel & Porree

ZUTATEN FÜR 4 PERSONEN
- 4 ausgelöste Schweinekoteletts (à ca. 150 g)
- 2–3 EL Walnusskerne
- 2 EL Öl
- 3 Stangen (ca. 750 g) Porree
- 4 große Kartoffeln (ca. 1 kg)
- 2 säuerliche Äpfel (z. B. Cox Orange)
- Salz ♥ Pfeffer
- 4 Stiele Thymian
- 250 ml Apfelsaft oder Cidre
- 2 TL Gemüsebrühe (instant)

1 Koteletts abspülen und trocken tupfen. Nüsse hacken und in einem flachen Bräter ohne Fett kurz rösten. Herausnehmen. Öl in dem Bräter erhitzen. Fleisch darin pro Seite ca. 2 Minuten anbraten. Inzwischen Porree putzen, waschen und in Ringe schneiden. Kartoffeln schälen, waschen und grob würfeln. Äpfel waschen, vierteln, entkernen und in Spalten schneiden.

2 Fleisch mit Salz und Pfeffer würzen, aus dem Bräter nehmen. Porree, Kartoffeln und Äpfel im heißen Bratfett unter Wenden ca. 10 Minuten braten. Thymian waschen, hacken und zum Gemüse geben. Alles mit Apfelsaft und ca. 400 ml Wasser ablöschen und aufkochen. Brühe einrühren. Fleisch auf das Gemüse legen. Alles zugedeckt ca. 10 Minuten schmoren. Mit Salz und Pfeffer abschmecken und mit den Walnüssen bestreuen.

ZUBEREITUNGSZEIT ca. 30 Min.
PORTION ca. 560 kcal
E 40 g · F 20 g · KH 50 g

AUS DEM OFEN

Bohnen-Ofentopf mit Entenkeulen

ZUTATEN FÜR 6 PERSONEN
- 500 g getrocknete weiße Bohnenkerne
- 250 g Zwiebeln
- 2 Möhren
- 6 Entenkeulen (ca. 1,8 kg)
- Salz • Pfeffer
- 2–3 EL Öl
- 2 EL Tomatenmark
- 2 TL getrockneter Majoran
- 3 TL klare Brühe (instant)
- 3 Scheiben Toastbrot
- 3 EL sehr weiche Butter
- 1 EL Zucker

1 AM VORTAG Bohnenkerne waschen und über Nacht in ca. 1,5 l kaltem Wasser einweichen.

2 AM NÄCHSTEN TAG Zwiebeln schälen und grob würfeln. Möhren schälen, waschen und in Stücke schneiden. Entenkeulen abspülen, trocken tupfen und mit Salz und Pfeffer würzen. Öl in einem großen, flachen Bräter erhitzen. Keulen darin portionsweise rundherum kräftig anbraten. Herausnehmen.

3 Zwiebeln und Möhren im heißen Bratfett andünsten. Tomatenmark und Majoran zufügen, kurz mit anschwitzen. Bohnen samt Einweichwasser und knapp 500 ml Wasser zufügen und aufkochen. Brühe einrühren.

4 Entenkeulen darauflegen und zugedeckt im vorgeheizten Backofen (E-Herd: 200 °C/Umluft: 180 °C/Gas: s. Hersteller) 1½–2 Stunden schmoren.

5 FÜR DIE KRUSTE Toastbrot mit den Händen grob zerbröseln. Mit Butter und Zucker mischen. Ca. 30 Minuten vor Ende der Bratzeit Keulen herausnehmen. Bohnen mit Brühe und Pfeffer abschmecken. Keulen wieder auf die Bohnen legen und mit Butterbröseln bestreuen. Offen zu Ende garen.

ZUBEREITUNGSZEIT ca. 2½ Std. + Wartezeit ca. 12 Std.
PORTION ca. 800 kcal
E 63 g · F 38 g · KH 46 g

AUS DEM OFEN

Ossobuco alla milanese

ZUTATEN FÜR 4 PERSONEN
- 3 Zwiebeln
- 6 Knoblauchzehen
- 3 Möhren
- 250 g Stangensellerie
- 4 Kalbshaxenscheiben (à ca. 350 g)
- Salz • Pfeffer
- 5 EL Mehl
- 4 EL Olivenöl
- 125 ml trockener Weißwein
- 400 ml Kalbsfond (Glas)
- 1 Dose (850 ml) Tomaten
- je 1 TL getrockneter Thymian und Oregano
- 1–2 Lorbeerblätter
- 1 Bund Petersilie
- abgeriebene Schale von 1 Bio-Zitrone

1 Zwiebeln und 3 Knoblauchzehen schälen. Möhren und Sellerie schälen bzw. putzen und waschen. Vorbereitete Zutaten würfeln. Fleisch trocken tupfen und eventuell die Haut einschneiden. Fleisch mit Salz und Pfeffer würzen und in Mehl wenden.

2 Öl in einem weiten Bräter erhitzen. Fleisch darin von beiden Seiten kräftig anbraten. Herausnehmen. Möhren-, Sellerie-, Zwiebel- und Knoblauchwürfel im heißen Bratfett anbraten. Wein, Fond, Tomaten samt Saft, Thymian, Oregano, Lorbeer, Salz und Pfeffer zufügen. Tomaten grob zerkleinern. Fleisch wieder zufügen. Zugedeckt im vorgeheizten Backofen (E-Herd: 200 °C/Umluft: 180 °C/Gas: s. Hersteller) ca. 2 Stunden schmoren.

3 FÜR DIE GREMOLATA Petersilie waschen, Blättchen abzupfen. 3 Knoblauchzehen schälen. Beides fein hacken und mit Zitronenschale mischen. Ossobuco mit Gremolata anrichten.

ZUBEREITUNGSZEIT ca. 2¾ Std.
PORTION ca. 600 kcal
E 65 g · F 26 g · KH 21 g

Dazu schmeckt Risotto

3 TL Gemüsebrühe (instant) in **ca. 700 ml kochendem Wasser** auflösen. **1 Döschen (0,1 g) Safranfäden** und 3 EL Brühe verrühren. **1 Zwiebel** fein würfeln, in **2 EL heißer Butter** andünsten. **250 g Risottoreis** mitdünsten. **125 ml trockenen Weißwein** angießen, einkochen, dabei öfter umrühren. Brühe portionsweise und zuletzt den Safran angießen und einkochen. **75 g geriebenen Hartkäse (z. B. Grana Padano)** und **2 EL Butter** unterrühren. Mit **Salz** und **Pfeffer** abschmecken.

Korn für Korn

Ob als Risotto, im Topf oder in der Pfanne – mit Couscous, Reis, Weizen und Quinoa können Sie wunderbare One-Pot-Gerichte zaubern

KORN FÜR KORN

Erbsenrisotto mit gekochtem Schinken „Risi e bisi"

ZUTATEN FÜR 4 PERSONEN
- 1 Zwiebel
- 2–3 Knoblauchzehen
- 2 TL Gemüsebrühe (instant)
- 2 EL Olivenöl
- 2 EL Butter
- 250 g Risottoreis
- 250 ml trockener Weißwein
- 200 g gekochter Schinken (in Scheiben)
- 75 g Parmesan (Stück)
- 5 Stiele Basilikum
- 300 g TK-Erbsen
- Salz ♥ Pfeffer

1 Zwiebel und Knoblauch schälen und fein würfeln. Ca. 500 ml Wasser aufkochen, Brühe darin auflösen. Öl und Butter in einem Topf erhitzen. Zwiebel und Knoblauch darin glasig dünsten. Reis zufügen, kurz mit anschwitzen. Wein angießen und bei mittlerer Hitze verdampfen lassen. Langsam heiße Brühe angießen, bis der Reis bedeckt ist. Sobald der Reis die Brühe aufgesogen hat, immer wieder heiße Brühe angießen. Reis offen bei schwacher Hitze ca. 30 Minuten köcheln.

2 Schinken in kurze Streifen schneiden. Parmesan grob raspeln. Basilikum waschen, Blättchen abzupfen. Erbsen ca. 5 Minuten vor Ende der Garzeit zum Risotto geben und unterrühren. Schinken unterrühren und alles nochmals kurz erhitzen. Parmesan unterrühren und schmelzen lassen. Risotto mit Salz und Pfeffer abschmecken. Basilikumblättchen unterheben.

ZUBEREITUNGSZEIT ca. 45 Min.
PORTION ca. 550 kcal
E 27 g · F 16 g · KH 61 g

KORN FÜR KORN

Biriyani – indischer Gemüsereis

ZUTATEN FÜR 4 PERSONEN
- 250 g Basmatireis
- 1 kleiner Blumenkohl
- 2 Zwiebeln
- 1 Stück (ca. 3 cm) Ingwer
- 200 g Kartoffeln
- 2 EL Olivenöl
- Salz • Pfeffer
- 2 EL Currypulver
- 1 Zimtstange
- 150 g griechischer Sahnejoghurt

1 Reis mit kaltem Wasser abspülen. Mit 300 ml Wasser bedecken und ca. 20 Minuten einweichen. Blumenkohl putzen, waschen und in Röschen teilen. Zwiebeln und Ingwer schälen und fein würfeln. Kartoffeln schälen, waschen und in ca. 2 cm große Würfel schneiden.

2 Öl in einem weiten Topf erhitzen. Zwiebeln und Ingwer darin andünsten. Kartoffeln und Blumenkohl zufügen. Mit Salz und Pfeffer würzen. Reis samt Einweichwasser, Curry und Zimtstange zugeben. 200 ml kochendes Wasser angießen und alles ca. 10 Minuten zugedeckt köcheln.

3 Reis mit Salz und Pfeffer abschmecken. Joghurt glatt rühren und darüberträufeln.

ZUBEREITUNGSZEIT ca. 40 Min. + Wartezeit ca. 30 Min.
PORTION ca. 420 kcal
E 12 g · F 13 g · KH 68 g

Dazu schmecken Röstzwiebeln

2 Zwiebeln schälen, vierteln und in Streifen schneiden. **2 EL Öl** in einer Pfanne erhitzen. Zwiebeln darin kräftig anbraten. **2 EL Zucker** darüberstreuen und karamellisieren lassen. Röstzwiebeln über den Reis streuen.

KORN FÜR KORN

Rote-Bete-Risotto

ZUTATEN FÜR 4 PERSONEN
- 1 Zwiebel
- 2 Knoblauchzehen
- 2 Rote Beten (ca. 400 g)
- 3–4 TL Gemüsebrühe (instant)
- 2 EL Mandelblättchen
- 3 EL Öl
- 300 g Risottoreis
- Salz • Pfeffer
- 1 Beet Kresse
- 60 g Parmesan (Stück)

1 Zwiebel und Knoblauch schälen. Zwiebel würfeln und Knoblauch fein hacken. Rote Beten schälen, waschen und in kleine Würfel schneiden (Vorsicht, färben stark! Einmalhandschuhe tragen). Brühe in ca. 900 ml kochendem Wasser auflösen.

2 Mandelblättchen in einem Topf ohne Fett rösten. Herausnehmen. Öl in dem Topf erhitzen. Zwiebel und Knoblauch darin glasig dünsten. Reis zufügen und kurz mit andünsten. Rote Beten zufügen und ebenfalls kurz andünsten. Mit Salz und Pfeffer würzen. Langsam heiße Brühe angießen, bis der Reis bedeckt ist. Sobald der Reis die Brühe aufgesogen hat, immer wieder Brühe angießen. Offen bei schwacher Hitze 20–30 Minuten köcheln, bis der Reis sämig ist. Dabei öfter umrühren.

3 Kresse vom Beet schneiden. Parmesan fein reiben, ⅔ davon unter den Risotto rühren. Risotto mit Salz und Pfeffer abschmecken. Mit Mandelblättchen, Kresse und Rest Parmesan anrichten.

ZUBEREITUNGSZEIT ca. 50 Min.
PORTION ca. 450 kcal
E 13 g · F 13 g · KH 67 g

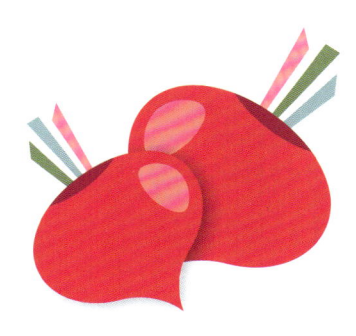

KORN FÜR KORN

Quinoa-Risotto mit Paprika und Chorizo

ZUTATEN FÜR 4 PERSONEN
- 125 g Quinoa (s. Info)
- 1 Zwiebel
- 1 Knoblauchzehe
- 1 große rote Paprikaschote
- 50 g schwarze Oliven (ohne Stein)
- 50 g Chorizo
- 3 TL Gemüsebrühe (instant)
- Salz • Pfeffer
- 3 EL Olivenöl
- 125 g Risottoreis
- 100 ml Weißwein
- 50 g Parmesan (Stück)

1 Quinoa in einem Sieb gründlich waschen und abtropfen lassen. Zwiebel und Knoblauch schälen, waschen und fein würfeln. Paprika putzen, waschen und in Streifen schneiden. Oliven halbieren. Chorizo in Würfel schneiden. Brühe in ca. 750 ml kochendem Wasser auflösen.

2 Chorizo in einem Topf ohne Fett kräftig anbraten. Paprika ca. 5 Minuten mitbraten. Oliven zufügen und alles mit Salz und Pfeffer würzen. Paprikamischung aus dem Topf nehmen und warm stellen.

3 Öl in dem Bratfett erhitzen. Zwiebel und Knoblauch darin glasig dünsten. Reis und Quinoa zufügen und kurz anschwitzen. Wein angießen und bei mittlerer Hitze verdampfen lassen. Langsam heiße Brühe angießen, bis die Reismischung bedeckt ist. Sobald die Reismischung die Brühe aufgesogen hat, immer wieder heiße Brühe angießen. Reismischung offen bei schwacher Hitze ca. 30 Minuten köcheln.

4 Parmesan in Späne hobeln oder grob raspeln. Risotto mit Salz und Pfeffer abschmecken. Jeweils Hälfte Paprikamischung und Käse unterrühren. Risotto mit Rest Paprikamischung und Parmesan anrichten.

ZUBEREITUNGSZEIT ca. 40 Min.
PORTION ca. 480 kcal
E 16 g · F 20 g · KH 52 g

QUINOA

Das fein nussige Korn aus den Anden ist im Trend. Es lässt sich wie Reis zubereiten, ist reich an Eiweiß, Eisen und Kalzium, aber glutenfrei.

KORN FÜR KORN

Couscous-Gemüse-Pfanne mit Lammfilet

ZUTATEN FÜR 4 PERSONEN
- 250 g Couscous (instant)
- 2 TL Gemüsebrühe (instant)
- 50 g Rosinen
- 2 große Möhren
- 1 Zucchini
- 1 kleine Aubergine
- 5 Stiele glatte Petersilie
- 500 g Lammfilet
- 2 EL Olivenöl • Salz • Pfeffer
- ½–1 TL gemahlener Kreuzkümmel

1 FÜR DEN COUSCOUS Couscous in einer Schüssel mit 350 ml kochendem Wasser übergießen. Brühe einrühren und zugedeckt ca. 10 Minuten quellen lassen.

2 Rosinen heiß waschen und abtropfen lassen. Möhren schälen, waschen und in dünne Scheiben schneiden. Zucchini und Aubergine putzen und waschen. Zucchini längs halbieren, Aubergine längs vierteln, dann beides quer in Scheiben schneiden. Petersilie waschen und grob hacken. Lammfilet trocken tupfen und in Streifen schneiden.

3 Öl in einer großen Pfanne erhitzen. Fleisch darin rundherum kräftig anbraten. Mit Salz und Pfeffer würzen. Herausnehmen. Gemüse ins Bratfett geben und ca. 7 Minuten braten.

4 Couscous mit einer Gabel auflockern. Mit Rosinen und Fleisch zum Gemüse geben. Unter Rühren 2–3 Minuten weiterbraten. Couscous-Gemüse-Pfanne mit Salz, Pfeffer und Kreuzkümmel abschmecken. Petersilie unterheben. Dazu schmeckt Joghurt.

ZUBEREITUNGSZEIT ca. 40 Min.
PORTION ca. 470 kcal
E 31 g • F 16 g • KH 48 g

MIT MINZE

Wer mag, kann statt Petersilie auch Minze zur Pfanne geben. Sie ist typisch für die orientalische Küche und verleiht nicht nur süßen, sondern auch herzhaften Gerichten einen frischen Geschmack.

KORN FÜR KORN

Weizen-„Risotto" mit Pilzen

ZUTATEN FÜR 4 PERSONEN
- 350 g Weizenkörner
- 1 Zwiebel
- 1 Knoblauchzehe
- 200 g Champignons
- 3 EL Öl
- 50 g magere Schinkenwürfel
- Salz • Pfeffer
- 3 TL Tomatenmark
- 2–3 TL Gemüsebrühe (instant)
- 2 Möhren
- 1 Stange Porree
- 50 g Parmesan (Stück)

1 AM VORTAG Weizen in einem Sieb abspülen. Mit ca. 1 l Wasser bedecken und zugedeckt über Nacht einweichen.

2 AM NÄCHSTEN TAG Zwiebel und Knoblauch schälen und in kleine Würfel schneiden. Pilze putzen, waschen und je nach Größe halbieren oder vierteln. Weizen abtropfen lassen, Einweichwasser dabei auffangen.

3 1 EL Öl in einem Topf erhitzen. Schinkenwürfel und Pilze darin kräftig anbraten. Mit Salz und Pfeffer würzen. Herausnehmen.

4 2 EL Öl in dem Topf erhitzen. Zwiebel und Knoblauch darin andünsten. Tomatenmark einrühren und kurz mit anschwitzen. Weizen mit andünsten. Ca. 600 ml Einweichwasser und Brühe einrühren. Aufkochen und zugedeckt zunächst ca. 40 Minuten garen.

5 Möhren schälen, waschen und fein würfeln. Porree putzen, waschen und in Ringe schneiden. Beides unter den Weizen rühren und ca. 15 Minuten weitergaren. Mit Salz und Pfeffer würzen.

6 Vom Parmesan mit einem Sparschäler einige Späne abhobeln. Übrigen Parmesan fein reiben, unter den „Risotto" rühren und schmelzen lassen. Schinken und Pilze unterrühren. Mit Salz und Pfeffer abschmecken. Mit Parmesanspänen garnieren.

ZUBEREITUNGSZEIT ca. 1¼ Std. + Wartezeit ca. 12 Std.
PORTION ca. 430 kcal
E 20 g · F 11 g · KH 59 g

KORN FÜR KORN

Paella mit Hähnchen und Chorizo

ZUTATEN FÜR 4–6 PERSONEN
- 2 Zwiebeln
- 2 Knoblauchzehen
- 3 Paprikaschoten (z. B. grün, gelb und rot)
- 1 Zweig Rosmarin
- 250 g Chorizo
- 1 kg Hähnchenunterkeulen
- Salz • Pfeffer
- 3–4 EL Olivenöl
- 200 g TK-Erbsen
- 400 g Paella- oder Risottoreis
- 2–3 Lorbeerblätter
- 3 EL Hühnerbrühe (instant)
- 1–2 Döschen Safran

1 Zwiebeln und Knoblauch schälen, fein würfeln. Paprika putzen, waschen und in Stücke schneiden. Rosmarin waschen. Wurst in Scheiben schneiden. Hähnchenkeulen abspülen, trocken tupfen, mit Salz und Pfeffer würzen.

2 Öl in einer großen Paella- oder einer ofenfesten Pfanne erhitzen. Hähnchenkeulen darin rundherum kräftig anbraten. Herausnehmen. Zwiebeln, Knoblauch und Wurst im heißen Bratfett leicht anbraten. Paprika, gefrorene Erbsen, Reis, Rosmarin und Lorbeer unterrühren.

3 Brühe und Safran in ca. 1 l kochendem Wasser auflösen und über den Reis gießen. Hähnchenkeulen auf dem Reis verteilen. Alles im vorgeheizten Backofen (E-Herd: 200 °C/Umluft: 180 °C/Gas: s. Hersteller) ca. 40 Minuten garen.

ZUBEREITUNGSZEIT ca. 1 ½ Std.
PORTION ca. 650 kcal
E 38 g · F 28 g · KH 60 g

VARIATIONSIDEEN

Als Gemüse eignen sich auch grüne Bohnen, Champignons und Oliven. Wer es maritim mag, kann Hähnchen und Wurst durch Fischfilet, Muscheln oder ungeschälte Garnelen ersetzen.

KORN FÜR KORN

vegetarisch

Lauwarmer Couscous-Wok

ZUTATEN FÜR 4 PERSONEN
- 100 g getrocknete Softaprikosen
- 1 Bund Lauchzwiebeln
- 1 Glas (370 ml) Rote-Bete-Kugeln
- 30 g Pinienkerne
- 2 EL Butter
- 2 EL flüssiger Honig
- 250 g Couscous
- 100 g Feldsalat
- 1 Bund glatte Petersilie
- Salz • Pfeffer
- 2–3 EL Weißweinessig
- 150 g Ziegenfrischkäsetaler

1 Aprikosen in Stücke schneiden. Lauchzwiebeln putzen, waschen und in feine Ringe schneiden. Rote Beten in einem Sieb abtropfen lassen und den Saft dabei auffangen. Rote-Bete-Saft mit Wasser auf 500 ml auffüllen. Rote-Bete-Kugeln in Scheiben schneiden.

2 Pinienkerne in einem heißen Wok ohne Fett goldbraun rösten. Herausnehmen. Butter in dem Wok erhitzen. Aprikosen und Honig zugeben und ca. 2 Minuten darin braten. Lauchzwiebeln kurz mitbraten. Herausnehmen.

3 Couscous und Rote-Bete-Saft in den Wok geben, aufkochen und vom Herd nehmen. Couscous darin ca. 10 Minuten quellen lassen.

4 Inzwischen Salat putzen und waschen. Petersilie waschen, Blättchen abzupfen. Beides mit Aprikosen-Lauchzwiebel-Mischung, Pinienkernen und Roten Beten unter den Couscous mischen. Mit Salz, Pfeffer und Essig kräftig abschmecken. Ziegenkäse darüberbröseln und vorsichtig untermischen.

ZUBEREITUNGSZEIT ca. 25 Min.
PORTION ca. 620 kcal
E 20 g · F 16 g · KH 86 g

Gemüserisotto

ZUTATEN FÜR 4 PERSONEN
- 1 große Zwiebel ♥ 1 Knoblauchzehe
- 1 Zucchini ♥ 2 Möhren
- 100 g kleine Champignons
- 2 TL Gemüsebrühe (instant)
- 2 EL Olivenöl
- 200 g Risottoreis
- 250 ml trockener Weißwein
- 100 g TK-Erbsen
- 50 g Parmesan (Stück)
- 2 EL Butter
- Salz ♥ Pfeffer

1 Zwiebel und Knoblauch schälen und fein würfeln. Zucchini waschen und putzen. Möhren schälen und waschen. Beides in kleine Würfel schneiden. Champignons putzen, waschen und halbieren. Brühe in 500 ml kochendem Wasser auflösen.

2 Öl in einem weiten Topf erhitzen. Zucchini, Möhren und Pilze darin kräftig anbraten. Zwiebel, Knoblauch und Reis zufügen und ca. 3 Minuten glasig dünsten. Wein angießen und verdampfen lassen. So viel heiße Brühe angießen, bis der Reis bedeckt ist. Sobald der Reis die Flüssigkeit aufgesogen hat, immer wieder Brühe angießen. Offen bei schwacher Hitze 20–30 Minuten köcheln, bis der Reis sämig ist, dabei mehrmals umrühren. Ca. 5 Minuten vor Ende der Garzeit die gefrorenen Erbsen unterrühren.

3 Parmesan fein reiben. Mit Butter unter den Risotto rühren. Risotto mit Salz und Pfeffer abschmecken.

ZUBEREITUNGSZEIT ca. 50 Min.
PORTION ca. 400 kcal
E 11 g · F 13 g · KH 48 g

KORN FÜR KORN

vegetarisch

KORN FÜR KORN

Hähnchen-Couscous-Pfanne mit Mandeln

ZUTATEN FÜR 4 PERSONEN
- 250 g kleine Champignons
- 1 Bund Lauchzwiebeln
- 100 g getrocknete Feigen
- 50 g ganze Mandelkerne (mit Haut)
- 350 g Hähnchenfilet
- 2 EL Olivenöl
- Salz • Pfeffer
- 250 g Couscous
- Zimt

1 Champignons putzen und waschen. Lauchzwiebeln putzen, waschen und in große Stücke schneiden. Feigen grob zerkleinern. Mandeln grob hacken. Fleisch abspülen, trocken tupfen und in Streifen schneiden.

2 Öl in einer großen Pfanne erhitzen. Fleisch darin kräftig anbraten. Champignons und Lauchzwiebeln zum Fleisch geben und kurz mitbraten. Alles mit Salz und Pfeffer würzen.

3 Couscous, Feigen und Mandeln unter die Hähnchenpfanne heben. Gut 250 ml Wasser angießen, aufkochen und ca. 10 Minuten köcheln. Mit Salz, Pfeffer und etwas Zimt abschmecken.

ZUBEREITUNGSZEIT ca. 30 Min.
PORTION ca. 550 kcal
E 28 g · F 24 g · KH 52 g

Reistopf mit Garnelen und Kabanossi

ZUTATEN FÜR 4 PERSONEN
- 200 g rohe geschälte Garnelen (frisch oder TK)
- 50 g Rosinen
- 250 g Kabanossi ♥ 2 Zwiebeln
- 1 Spitzkohl (ca. 600 g)
- 1 Bio-Zitrone ♥ 6 Stiele Minze
- 125 g Langkornreis
- ¼ TL Zimt ♥ Piment
- 1 Döschen (0,1 g) Safranfäden
- 1 EL Gemüsebrühe (instant)
- Salz ♥ Pfeffer
- 100 g Feta

1 TK-Garnelen auftauen lassen. Rosinen waschen und abtropfen lassen. Wurst in Scheiben schneiden. Zwiebeln schälen und in Streifen schneiden. Spitzkohl putzen, waschen und halbieren. Strunk entfernen und den Kohl in Stücke schneiden. Zitrone heiß waschen und in Scheiben schneiden. Minze waschen, Blättchen grob hacken. Garnelen am Rücken längs einschneiden und den schwarzen Darm entfernen. Garnelen waschen und trocken tupfen.

2 Alles mit Reis, Zimt, 1 Prise Piment, Safran und Brühe in einen großen Topf mit Deckel geben. Ca. 1,5 l Wasser angießen. Aufkochen und zugedeckt ca. 20 Minuten köcheln. Zwischendurch umrühren. Reistopf mit Salz und Pfeffer abschmecken. Feta grob zerbröckeln und darüberstreuen.

ZUBEREITUNGSZEIT ca. 45 Min.
PORTION ca. 560 kcal
E 32 g · F 29 g · KH 40 g

Pfannengerichte

Mal kurz gebraten, mal fein geschmort: Hier werden Gemüse, Fleisch, Nudeln und Co. immer wieder anders kombiniert. Da finden bestimmt auch Sie Ihr neues Lieblingsgericht!

PFANNENGERICHTE

Hackpfanne mit Gurkengremolata

ZUTATEN FÜR 4 PERSONEN

FÜR DIE HACKPFANNE
- 750 g kleine Champignons
- 1 Zwiebel ♥ 4 EL Öl
- 750 g Rinderhack
- Salz ♥ Pfeffer
- 1 gehäufter EL Mehl
- 2 TL Gemüsebrühe (instant)
- 200 g Schmand
- 5 EL mittelscharfer Senf
- 2–3 EL Gewürzgurkensud (Glas)
- Zucker

FÜR DIE GURKENGREMOLATA
- 1 kleine Zwiebel (z. B. rot)
- 200 g Gewürzgurken + 1–2 EL Gurkensud (Glas)
- 1 kleiner Apfel (z. B. Granny Smith)
- 5 Stiele Petersilie ♥ Pfeffer

1 FÜR DIE HACKPFANNE Pilze putzen und kurz waschen. Zwiebel schälen und fein würfeln. 2 EL Öl in einer großen Pfanne erhitzen. Hack darin krümelig anbraten, mit Salz und Pfeffer würzen. Herausnehmen.

2 2 EL Öl im Bratfett erhitzen. Pilze darin unter Wenden anbraten. Mit Salz und Pfeffer würzen. Zwiebelwürfel kurz mitbraten. Alles mit Mehl bestäuben und unter Rühren kurz anschwitzen. Mit 600 ml Wasser ablöschen. Brühe und Hackfleisch zufügen, alles aufkochen und zugedeckt ca. 5 Minuten köcheln.

3 FÜR DIE GREMOLATA Zwiebel schälen und fein würfeln. Gewürzgurken sehr fein würfeln oder hacken. Apfel waschen, vierteln, entkernen und sehr fein würfeln. Petersilie waschen und fein hacken. Zwiebel, Gurken, Gurkensud, Apfel und Petersilie mischen. Mit Pfeffer abschmecken.

4 Schmand und Senf in die Hackpfanne rühren, kurz erhitzen. Mit Gurkensud, Salz, Pfeffer und 1 Prise Zucker abschmecken. Mit Gremolata bestreut anrichten. Dazu schmeckt Krustenbrot.

ZUBEREITUNGSZEIT ca. 40 Min.
PORTION ca. 620 kcal
E 51 g · F 40 g · KH 10 g

PFANNENGERICHTE

Porree-Hack-Pfanne mit Walnusssahne

ZUTATEN FÜR 4 PERSONEN
- 2 Stangen Porree
- 1 Zwiebel
- 1 Knoblauchzehe
- 3 EL Walnusskerne
- 2 EL Öl
- 500 g gemischtes Hack
- Salz ♥ Pfeffer
- 1 TL Mehl
- 200 g Schlagsahne
- Muskat

1 Porree putzen, gründlich waschen und in Ringe schneiden. Zwiebel und Knoblauch schälen und fein würfeln.

2 Walnüsse grob hacken und in einer großen Pfanne ohne Fett rösten. Herausnehmen. Öl in der Pfanne erhitzen. Hack darin unter Wenden krümelig braten. Mit Salz und Pfeffer würzen.

3 Porree, Zwiebel und Knoblauch zufügen und 2–3 Minuten mitbraten. Mit Mehl bestäuben und unter Rühren kurz anschwitzen. 300 ml Wasser und Sahne angießen, aufkochen und ca. 5 Minuten köcheln. Mit Salz, Pfeffer und Muskat abschmecken. Walnüsse unterrühren. Dazu schmeckt Graubrot oder Kartoffelpüree.

ZUBEREITUNGSZEIT ca. 25 Min.
PORTION ca. 690 kcal
E 30 g · F 58 g · KH 7 g

PFANNENGERICHTE

Kartoffelpfanne mit Mettflöckchen

ZUTATEN FÜR 4 PERSONEN
- 1 kg Kartoffeln
- 2 EL Butterschmalz
- 2 Zwiebeln
- 500 g Mett (gewürztes Schweinehack)
- Salz ♥ Pfeffer
- 6 Stiele Majoran

1 Kartoffeln schälen, waschen und in Würfel schneiden. Butterschmalz in einer großen Pfanne erhitzen. Kartoffeln darin kräftig anbraten und bei mittlerer Hitze ca. 15 Minuten braten.

2 Zwiebeln schälen und fein würfeln. Kartoffeln aus der Pfanne nehmen. Mett im heißen Bratfett kräftig anbraten, dabei mit dem Pfannenwender in grobe Flöckchen zerteilen. Zwiebeln zufügen und kurz mitbraten. Kartoffeln wieder zufügen und alles mit Salz und Pfeffer würzen. 150 ml Wasser angießen, aufkochen und ca. 10 Minuten garen, dabei mehrmals umrühren.

3 Majoran waschen, Blättchen abzupfen und zufügen. Kartoffelpfanne mit Salz und Pfeffer abschmecken.

ZUBEREITUNGSZEIT ca. 45 Min.
PORTION ca. 680 kcal
E 28 g · F 40 g · KH 47 g

Dazu schmeckt Gurkenrelish

2 Zwiebeln schälen und fein würfeln. **1 Glas (370 ml) Gewürzgurken** abtropfen lassen, den Sud dabei auffangen. Gurken fein hacken. **4 EL Öl** in einem Topf erhitzen. Zwiebelwürfel darin andünsten. Gurken kurz mit andünsten. Mit **1–2 EL Zucker** bestreuen und leicht karamellisieren. Mit **Gurkensud** und **5 EL weißem Balsamico-Essig** ablöschen. Mit **Salz** und **Pfeffer** würzen. Aufkochen und ca. 15 Minuten köcheln. Relish mit **Salz** und **Pfeffer** abschmecken.

PFANNENGERICHTE

Huevos rancheros – Gemüsepfanne mit Spiegeleiern

ZUTATEN FÜR 4 PERSONEN
- 1 große Zwiebel
- 1 Knoblauchzehe
- 2 rote Chilischoten
- 2 Paprikaschoten (z. B. gelb und rot)
- 4 Stiele Petersilie
- 1 EL Öl
- 100 g Frühstücksspeck (Bacon)
- Salz • Pfeffer
- 2 TL getrockneter Oregano
- 1 Messerspitze Kreuzkümmel
- 1 EL Tomatenmark
- 1 Dose (425 ml) stückige Tomaten
- 1 Flasche (250 ml) Salsasoße
- 4 frische Eier

1 Zwiebel und Knoblauch schälen und würfeln. Chilis putzen, längs aufschneiden, entkernen und waschen. Chilis klein schneiden. Paprika putzen, waschen und in Streifen schneiden. Petersilie waschen und fein hacken.

2 Öl in einer großen Pfanne erhitzen. Speck darin knusprig braten. Herausnehmen und auf Küchenpapier abtropfen lassen.

3 Zwiebel, Knoblauch, Chilis und Paprika im heißen Bratfett andünsten. Mit Salz, Pfeffer, Oregano und Kreuzkümmel würzen. Tomatenmark einrühren, kurz anschwitzen. Mit Tomaten und Salsasoße ablöschen, aufkochen. Offen ca. 10 Minuten köcheln. Mit Salz und Pfeffer abschmecken. Petersilie einrühren.

4 Eier einzeln in ein Schälchen oder eine Suppenkelle schlagen und in das Gemüse hineingleiten lassen (s. Tipp). Zugedeckt ca. 8 Minuten stocken lassen. Mit Speck anrichten. Dazu schmecken Tortillafladen.

ZUBEREITUNGSZEIT ca. 30 Min.
PORTION ca. 320 kcal
E 15 g · F 18 g · KH 22 g

EIER PLATZIEREN
Damit die Eier nicht auseinanderlaufen, mit einem Löffel eine Mulde in die Soße drücken und dann die Eier dort hineingleiten lassen.

PFANNENGERICHTE

Spätzlepfanne mit Specksauerkraut

ZUTATEN FÜR 4 PERSONEN
- 3 EL Butter
- 1 Packung (600 g) Spätzle (Kühlregal)
- 1 Zwiebel
- 100 g geräucherter durchwachsener Speck
- 1 Dose (425 ml) Sauerkraut
- 1 Bund Petersilie
- 2 EL Schmand
- 1 Messerspitze gemahlener Kümmel
- 1 EL Zucker ♥ Salz

1 Butter in einer großen Pfanne mit Deckel erhitzen. Spätzle darin goldbraun braten. Herausnehmen.

2 Zwiebel schälen, halbieren und in Streifen schneiden. Speck in kleine Würfel schneiden. Sauerkraut abtropfen lassen und gut ausdrücken.

3 Speck in der Pfanne ohne Fett ca. 5 Minuten knusprig braten (s. Tipp). Zwiebel zufügen und andünsten. Sauerkraut zu den Speckzwiebeln geben. Alles zugedeckt ca. 30 Minuten schmoren.

4 Petersilie waschen und fein hacken. Schmand ins Sauerkraut rühren. Sauerkraut mit Kümmel, Zucker und etwas Salz abschmecken. Spätzle zufügen und kurz erhitzen. Petersilie unterrühren.

ZUBEREITUNGSZEIT ca. 40 Min.
PORTION ca. 570 kcal
E 14 g · F 31 g · KH 55 g

KNUSPERSPECK
Speck am besten bei mittlerer Temperatur langsam ausbraten. So verbrennt er nicht und wird schön kross.

PFANNENGERICHTE

Putengeschnetzeltes mit grünem Spargel

ZUTATEN FÜR 4 PERSONEN
- 1 Zwiebel
- 500 g grüner Spargel
- 150 g Zuckerschoten
- 150 g Kirschtomaten
- 600 g Putenschnitzel
- 2–3 EL Öl
- Salz • Pfeffer
- abgeriebene Schale und Saft von ½ Bio-Zitrone
- 2 leicht gehäufte EL Mehl
- 1–2 TL Hühnerbrühe (instant)
- Zucker

1 Zwiebel schälen und fein würfeln. Spargel waschen und die holzigen Enden großzügig abschneiden. Spargel in Stücke schneiden. Zuckerschoten putzen und waschen. Tomaten waschen. Schnitzel abspülen, trocken tupfen und in Streifen schneiden.

2 Öl in einer großen Pfanne mit Deckel erhitzen. Fleisch darin kräftig anbraten. Mit Salz und Pfeffer würzen. Herausnehmen.

3 Zwiebel, Spargel, Zuckerschoten und Tomaten im heißen Bratfett andünsten. Zitronenschale zufügen. Mehl darüberstäuben und kurz anschwitzen. Gut 500 ml Wasser und Brühe einrühren. Aufkochen und ca. 5 Minuten köcheln. Mit Salz, Pfeffer, 1 Prise Zucker und Zitronensaft abschmecken. Gemüse und Fleisch zufügen und erhitzen. Geschnetzeltes mit Salz und Pfeffer abschmecken. Dazu passt Reis.

ZUBEREITUNGSZEIT ca. 50 Min.
PORTION ca. 300 kcal
E 43 g · F 7 g · KH 14 g

PFANNENGERICHTE

Bubble-up-Pizza

ZUTATEN FÜR 4–6 PERSONEN
- 150 g mittelalter Gouda (Stück)
- 3 Dosen (à 4 Stück) „Sonntags-Brötchen" (Kühlregal)
- Fett für die Pfanne
- 1 Dose (425 ml) stückige Tomaten
- 1 TL getrocknete italienische Kräuter
- ½ TL Chiliflocken
- Salz ♥ Pfeffer

1 Käse reiben. Brötchenteig aus den Dosen nehmen (s. Packungsanweisung) und die Teigstücke trennen. Jede Kugel mit ½ TL Käse füllen (s. Tipp) und in eine gefettete ofenfeste Pfanne (ca. 28 cm Ø) legen.

2 Tomaten in eine Schüssel gießen. Mit Kräutern, Chiliflocken, Salz und Pfeffer würzen. Auf den Teigkugeln verteilen. Restlichen Käse darüberstreuen. Pizza im vorgeheizten Backofen (E-Herd: 200 °C/Umluft: 180 °C/Gas: s. Hersteller) ca. 25 Minuten backen.

ZUBEREITUNGSZEIT ca. 40 Min.
PORTION ca. 350 kcal
E 18 g · F 11 g · KH 44 g

KÄSEKERN

In jede Teigkugel eine kleine Mulde drücken und etwas Käse hineingeben. Teig darüberklappen und mit den Fingern fest zusammendrücken. Teigkugeln mit der Naht nach unten in die Pfanne setzen.

PFANNENGERICHTE

Kasseler-Spitzkohl-Pfanne mit Apfel

ZUTATEN FÜR 4 PERSONEN
- 2 Möhren
- 1 Spitzkohl (ca. 500 g)
- 3 ausgelöste Kasselerkoteletts (à ca. 200 g)
- 2 EL Öl
- 200 g Schlagsahne
- 1 Apfel (z. B. Elstar)
- 2 EL grober Senf
- Salz • Pfeffer

1 Möhren schälen, waschen, längs halbieren und in Stücke schneiden. Spitzkohl putzen, waschen, vierteln und in Streifen vom Strunk schneiden. Kasseler trocken tupfen und würfeln.

2 Öl in einer großen Pfanne mit Deckel erhitzen. Kasseler und Möhren darin ca. 3 Minuten kräftig anbraten. Spitzkohl zufügen und ca. 5 Minuten mitbraten. Alles mit Sahne ablöschen, aufkochen und zugedeckt ca. 5 Minuten köcheln.

3 Apfel waschen, vierteln, entkernen und in Stücke schneiden. Apfelstücke und Senf zum Kohl geben und ca. 1 Minute mitköcheln. Mit Salz und Pfeffer abschmecken. Dazu passt Bauernbrot.

ZUBEREITUNGSZEIT ca. 30 Min.
PORTION ca. 510 kcal
E 36 g • F 34 g • KH 12 g

PERFEKT ABGESCHMECKT

Senf immer zum Schluss zum Gericht geben, damit er seine Schärfe und sein Aroma nicht verliert.

PFANNENGERICHTE

Feurige Garnelenpfanne

ZUTATEN FÜR 4 PERSONEN
- 400 g TK-Garnelen (ohne Kopf und Schale)
- 3 kleine Zucchini
- 1 Bund Lauchzwiebeln
- 300 g Kirschtomaten
- 5 Knoblauchzehen
- 2 rote Chilischoten
- 1 Bund Petersilie
- 5 EL Öl
- Salz ♥ Pfeffer

1 Garnelen in ein Sieb geben, mit kaltem Wasser abspülen und dabei auftauen lassen. Zucchini putzen, waschen, längs halbieren und in grobe Stücke schneiden. Lauchzwiebeln putzen, waschen und in Ringe schneiden. Tomaten waschen. Knoblauchzehen schälen und längs halbieren. Chilis längs einschneiden, entkernen, waschen und fein schneiden. Petersilie waschen und fein hacken.

2 Garnelen trocken tupfen. 2 EL Öl in einer großen Pfanne erhitzen. Garnelen darin unter Wenden 2–3 Minuten kräftig anbraten. Herausnehmen.

3 3 EL Öl im heißen Bratfett erhitzen. Zucchini und Lauchzwiebeln darin unter Wenden ca. 5 Minuten braten. Kirschtomaten, Knoblauch und Chilis zufügen und kurz mitbraten. Garnelen wieder zugeben. Alles mit Salz und Pfeffer abschmecken. Petersilie unterrühren. Dazu schmeckt Reis.

ZUBEREITUNGSZEIT ca. 30 Min.
PORTION ca. 370 kcal
E 25 g · F 12 g · KH 38 g

PFANNENGERICHTE

Steakpfanne mit Avocados

ZUTATEN FÜR 4 PERSONEN
- 600 g Kirschtomaten
- 2 Zwiebeln
- 6 Stiele Petersilie
- 1 Limette
- 2 reife Avocados
- 4 Rumpsteaks (ca. 700 g)
- 3 EL Olivenöl
- Salz • Pfeffer

1 Tomaten waschen und halbieren. Zwiebeln schälen und grob würfeln. Petersilie waschen und grob hacken. Limette auspressen. Avocados halbieren und den Kern entfernen. Fruchtfleisch aus der Schale lösen und in Stücke schneiden. Sofort mit Limettensaft beträufeln. Steaks trocken tupfen und den Fettrand entfernen. Fleisch in Streifen schneiden.

2 Öl in einer großen Pfanne erhitzen. Steakstreifen darin rundherum ca. 2 Minuten kräftig anbraten. Mit Salz und Pfeffer würzen. Herausnehmen.

3 Zwiebeln und Tomaten im heißen Bratfett anbraten und ca. 3 Minuten braten. Fleisch, Avocados und Petersilie zufügen und kurz erwärmen. Alles mit Salz und Pfeffer abschmecken. Dazu schmeckt Ciabatta.

ZUBEREITUNGSZEIT ca. 25 Min.
PORTION ca. 580 kcal
E 44 g • F 33 g • KH 20 g

PFANNENGERICHTE

Bauernomelett mit Zucchini

ZUTATEN FÜR 4 PERSONEN
- 700 g Kartoffeln
- 2 EL + 3 TL Butterschmalz
- Salz ♥ Pfeffer
- 1 Zwiebel
- 1 Zucchini
- 1 Dose (212 ml) Mais
- 1 Glas (235 g) geröstete Paprika (in Essig)
- 10 Eier
- 4 Stiele Petersilie
- 200 g Feta

1 Kartoffeln schälen, waschen und in Scheiben schneiden. 2 EL Butterschmalz in einer großen Pfanne mit Deckel erhitzen. Kartoffelscheiben darin ca. 5 Minuten anbraten. Mit Salz und Pfeffer würzen. Zugedeckt ca. 15 Minuten weiterbraten.

2 Inzwischen Zwiebel schälen und fein würfeln. Zucchini waschen, putzen und in dünne Scheiben schneiden. Mais abtropfen lassen. Paprika abgießen und in Streifen schneiden.

3 Zwiebel und Zucchini zu den Kartoffeln geben und ca. 3 Minuten weiterbraten. Zuletzt Paprika und Mais zufügen und kurz erhitzen.

4 Eier, Salz und Pfeffer verquirlen. Ca. ¾ Kartoffelmischung aus der Pfanne nehmen. Ca. ¼ Eier über die Kartoffelmischung in der Pfanne gießen. Kurz bevor die Masse durch und durch stockt, mit einem Pfannenwender zur Mitte übereinanderklappen und weiterbacken. Fertiges Omelett warm stellen.

5 1 TL Butterschmalz in der Pfanne erhitzen. Ca. ¼ Kartoffelmischung darin erhitzen. ¼ Eier angießen und wie beschrieben ein Omelett backen. Aus den übrigen Zutaten auf die gleiche Weise 2 weitere Omeletts backen.

6 Petersilie waschen und grob hacken. Feta grob zerbröseln und mit Petersilie mischen. Omeletts damit bestreuen.

ZUBEREITUNGSZEIT ca. 1 Std.
PORTION ca. 580 kcal
E 34 g · F 34 g · KH 31 g

PFANNENGERICHTE

Deftige Kartoffel-Kraut-Pfanne

ZUTATEN FÜR 4 PERSONEN
- 2 Zwiebeln
- 1 kg vorwiegend festkochende Kartoffeln
- 250 g Kabanossi
- 250 g grobe Bratwurst
- 3 EL Butterschmalz
- Pfeffer ♥ Salz
- 1 Dose (850 ml) Sauerkraut
- 1 Bund Petersilie
- Zucker
- 4 TL Crème fraîche

1 Zwiebeln schälen, halbieren und in Streifen schneiden. Kartoffeln schälen, waschen und in Scheiben schneiden. Kabanossi und Bratwurst in dicke Scheiben schneiden.

2 Butterschmalz in einer großen, tiefen Pfanne mit Deckel erhitzen. Beide Wurstsorten darin ca. 5 Minuten kräftig anbraten. Herausnehmen. Zwiebeln im heißen Bratfett glasig dünsten. Kartoffeln zufügen und mit anbraten. Mit Pfeffer und etwas Salz würzen. Zugedeckt ca. 15 Minuten garen.

3 Sauerkraut abgießen und leicht ausdrücken. Wurst und Sauerkraut zu den Kartoffeln geben und ca. 3 Minuten dünsten. Ca. 250 ml Wasser angießen, alles aufkochen und zugedeckt ca. 20 Minuten schmoren. Zwischendurch einmal umrühren.

4 Petersilie waschen, fein hacken und unter die Kartoffeln heben. Alles mit Pfeffer, etwas Salz und 1 Prise Zucker abschmecken. Mit einem Klecks Crème fraîche anrichten.

ZUBEREITUNGSZEIT ca. 1 Std.
PORTION ca. 490 kcal
E 22 g · F 31 g · KH 28 g

PFANNENGERICHTE

Schnelle Blumenkohlpfanne

ZUTATEN FÜR 4 PERSONEN
- 1 großer Blumenkohl (ca. 1 kg)
- 1 Zwiebel
- 200 g Kirschtomaten
- 3 Zweige Rosmarin
- 3 Stiele Petersilie
- 1 EL Öl
- 100 g Speckstreifen oder -würfel
- Salz • Pfeffer

1 Blumenkohl putzen, waschen und in kleine Röschen teilen. Zwiebel schälen und in Würfel schneiden. Tomaten waschen. Rosmarin und Petersilie waschen, Nadeln bzw. Blättchen abzupfen und fein hacken.

2 Öl in einer großen Pfanne mit Deckel erhitzen. Speck darin knusprig braten. Zwiebel zufügen und ca. 2 Minuten mitbraten. Speckmischung herausnehmen. Blumenkohl im heißen Bratfett unter Wenden kräftig anbraten und zugedeckt ca. 3 Minuten dünsten.

3 Tomaten und Rosmarin zum Blumenkohl geben und ca. 5 Minuten weiterbraten. Speckmischung und Petersilie unterheben. Alles mit Salz und Pfeffer abschmecken. Dazu schmeckt frisches Bauernbrot.

ZUBEREITUNGSZEIT ca. 20 Min.
PORTION ca. 230 kcal
E 7 g • F 19 g • KH 7 g

VEGETARISCHE VARIANTE

Die Blumenkohlpfanne schmeckt auch ohne Speck prima. Braten Sie **die Röschen** *dann in insgesamt* **3 EL Öl** *an und heben Sie* **2 EL gesalzene geröstete Mandeln oder Erdnüsse** *unter. Nach Belieben noch mit* **grob geraspeltem Parmesan** *bestreuen.*

PFANNENGERICHTE

Cremige Wurstpfanne mit Silberzwiebeln

ZUTATEN FÜR 4 PERSONEN
- 200 g kleine Champignons
- 300 g Fleischwurst
- 2 Gewürzgurken
- 1 Glas (212 ml) Silberzwiebeln
- 6 Stiele Petersilie
- 2 EL Öl
- Salz • Pfeffer
- 300 g Schlagsahne
- 1 EL körniger Senf

1 Champignons putzen, waschen und halbieren. Wurst aus der Haut lösen und in Scheiben schneiden. Gewürzgurken in Stifte schneiden. Silberzwiebeln abtropfen lassen. Petersilie waschen und hacken.

2 Öl in einer großen, tiefen Pfanne erhitzen. Champignons darin ca. 5 Minuten kräftig anbraten, mit Salz und Pfeffer würzen. Wurst zufügen und ca. 2 Minuten mitbraten.

3 Alles mit Sahne und 100 ml Wasser ablöschen. Aufkochen und ca. 2 Minuten cremig einkochen. Mit Senf, Salz und Pfeffer abschmecken. Gewürzgurken und Silberzwiebeln zufügen und darin erhitzen. Petersilie unterrühren. Dazu schmecken Nudeln.

ZUBEREITUNGSZEIT ca. 25 Min.
PORTION ca. 430 kcal
E 10 g · F 38 g · KH 8 g

PFANNENGERICHTE

vegetarisch

Gnocchi-Zucchini-Pfanne mit Feta-Cracker-Dip

ZUTATEN FÜR 4 PERSONEN
- 1 Zucchini (ca. 250 g)
- 250 g Kirschtomaten
- 4 Stiele Basilikum
- 2 EL Olivenöl
- 600 g frische Gnocchi (Kühlregal)
- Salz ♥ Pfeffer (z. B. grober)
- 200 g Feta
- 2 Cracker (à 4 g; Salzgebäck)
- 100 g Schlagsahne
- 100 ml Milch

1 Zucchini putzen, waschen und in dünne Scheiben schneiden oder hobeln. Tomaten waschen und halbieren. Basilikum waschen und in Streifen schneiden.

2 Öl in einer Pfanne erhitzen. Gnocchi darin 2–3 Minuten anbraten. Zucchini zufügen und ca. 5 Minuten weiterbraten. Tomaten zufügen und kurz mitbraten. Mit Salz und Pfeffer würzen.

3 FÜR DEN DIP Feta und Cracker zerbröckeln. Mit Sahne und Milch pürieren. Dip mit Pfeffer abschmecken.

4 Basilikum unter die Gnocchipfanne mischen. Feta-Cracker-Dip daraufgeben und mit grobem Pfeffer bestreuen.

ZUBEREITUNGSZEIT ca. 25 Min.
PORTION ca. 540 kcal
E 18 g · F 24 g · KH 59 g

RAFFINIERT

Gerade einmal 2 Cracker sind nötig, um dem Fetadip Würze und Bindung zu verleihen.

PFANNENGERICHTE

Gratiniertes Rotkrautgröstl mit Miniknödeln

ZUTATEN FÜR 4 PERSONEN
- 1 Glas (370 ml) Rotkohl
- 1 Zwiebel
- 4 Schweineschnitzel (ca. 500 g)
- 3 EL Öl
- Salz ♥ Pfeffer
- 1 Packung (400 g) Minikartoffelknödel (z. B. von Pfanni)
- 200 g Raclettekäse (in Scheiben)

1 Rotkohl in einem Sieb abtropfen lassen. Zwiebel schälen, halbieren und in Streifen schneiden. Fleisch trocken tupfen und in Streifen schneiden.

2 Öl in einer großen ofenfesten Pfanne erhitzen. Fleisch darin rundherum kräftig anbraten. Mit Salz und Pfeffer würzen. Zwiebel zufügen und kurz mitbraten. Knödel zum Fleisch geben und alles ca. 10 Minuten weiterbraten. Rotkohl unterrühren und kurz erhitzen.

3 Gröstl mit Salz und Pfeffer abschmecken. Käsescheiben grob zerzupfen und auf dem Gröstl verteilen. Im vorgeheizten Backofen (E-Herd: 230 °C/Umluft: 210 °C/Gas: s. Hersteller) 5–7 Minuten überbacken.

ZUBEREITUNGSZEIT ca. 30 Min.
PORTION ca. 600 kcal
E 42 g · F 26 g · KH 45 g

EINKAUFSTIPP

Statt der Miniknödel können Sie auch Gnocchi aus dem Kühlregal verwenden.

PFANNENGERICHTE

Schmorgurkenpfanne mit Hack

ZUTATEN FÜR 4 PERSONEN
- 1–1,2 kg Schmorgurken
- 1 große Zwiebel
- 2 EL Öl
- 500 g gemischtes Hack
- Salz ♥ Pfeffer
- 1 TL klare Brühe (instant)
- 1 Bund Dill
- 150 g Kräuterfrischkäse

1 Gurken waschen, schälen, längs halbieren und die Kerne herauskratzen. Gurken in dicke Scheiben schneiden. Zwiebel schälen, vierteln und in feine Scheiben schneiden.

2 Öl in einer großen Pfanne erhitzen. Hack darin krümelig anbraten. Mit Salz und Pfeffer würzen. Gurken und Zwiebel kurz mitbraten. 250 ml Wasser und Brühe zufügen. Alles aufkochen und ca. 10 Minuten schmoren. Dill waschen und fein schneiden.

3 Frischkäse löffelweise unter die Gurken rühren und bei schwacher Hitze schmelzen. Dill unterheben. Gurkenpfanne mit Salz und Pfeffer abschmecken. Dazu passt Reis.

ZUBEREITUNGSZEIT ca. 30 Min.
PORTION ca. 690 kcal
E 33 g · F 39 g · KH 46 g

PFANNENGERICHTE

Fenchel-Gemüse-Pfanne mit Lachsfilet

ZUTATEN FÜR 4 PERSONEN
- 2 rote Zwiebeln
- 2 kleine Zucchini
- 2 Möhren
- 2 kleine Fenchelknollen
- 600 g Lachsfilet
- 3 EL Öl
- Salz • Pfeffer
- 1 Bio-Zitrone
- 1 EL Mehl
- 100 g Frischkäse
- 2 TL Gemüsebrühe (instant)

1 Zwiebeln schälen, in Streifen schneiden. Zucchini und Möhren putzen bzw. schälen, waschen und in Scheiben schneiden. Fenchel putzen, waschen und etwas zartes Grün beiseitelegen. Fenchel halbieren und den Strunk herausschneiden. Fenchel quer in Streifen schneiden. Lachsfilet waschen, trocken tupfen und in 4 Stücke schneiden.

2 1 EL Öl in einer großen Pfanne mit Deckel erhitzen. Lachsfilet darin pro Seite ca. 2 Minuten anbraten. Mit Salz und Pfeffer würzen. Herausnehmen.

3 Rest Öl im Bratfett erhitzen. Vorbereitetes Gemüse darin unter Wenden ca. 10 Minuten braten. Zitrone heiß waschen und Schale fein abreiben. Zitrone auspressen. Gemüse mit Salz und Pfeffer würzen. Mehl darüberstäuben und kurz anschwitzen. Knapp 400 ml Wasser, Frischkäse, Zitronenschale, -saft und Brühe einrühren. Lachs auf das Gemüse setzen und zugedeckt ca. 5 Minuten köcheln. Mit Salz und Pfeffer abschmecken. Fenchelgrün hacken und darüberstreuen.

ZUBEREITUNGSZEIT ca. 40 Min.
PORTION ca. 500 kcal
E 35 g · F 35 g · KH 8 g

Kartoffel-Risotto mit frischen Pfifferlingen

ZUTATEN FÜR 4 PERSONEN
- 250 g Pfifferlinge
- 1 großes Bund Lauchzwiebeln
- 1,2 kg große festkochende Kartoffeln
- 3 EL Öl
- 100 g geräucherte Speckwürfel
- Salz • Pfeffer
- 200 ml trockener Weißwein
- 2 TL Gemüsebrühe (instant)
- 1 Bund (ca. 50 g) Rucola
- 75 g Parmesan (Stück)

1 Pfifferlinge putzen und große Pilze evtl. halbieren. Lauchzwiebeln putzen, waschen und in Ringe schneiden. Kartoffeln schälen, waschen und in ca. 1 cm kleine Würfel schneiden.

2 Öl in einer großen Pfanne mit Deckel erhitzen. Speck darin knusprig anbraten. Pfifferlinge ca. 2 Minuten mitbraten. Lauchzwiebeln und Kartoffeln unterrühren. Mit Salz und Pfeffer würzen.

3 Wein und ca. 500 ml Wasser angießen, aufkochen und Brühe einrühren. Zugedeckt ca. 10 Minuten köcheln.

4 Rucola putzen, waschen und eventuell etwas kleiner zupfen. Käse reiben. Hälfte Käse unter das Kartoffelrisotto rühren. Risotto mit Salz und Pfeffer abschmecken. Rucola unterheben. Mit Rest Parmesan bestreut servieren.

ZUBEREITUNGSZEIT ca. 45 Min.
PORTION ca. 490 kcal
E 21 g · F 14 g · KH 56 g

Gutes aus dem Tontopf

Ob klassisch im Römertopf oder exotisch in der marokkanischen Tajine: Im Tongeschirr gelingen Fleisch und Gemüse extrazart und aromatisch

AUS DEM TONTOPF

Coq au vin mit Zitrone

ZUTATEN FÜR 4 PERSONEN
- 200 g Schalotten
- 4 große Möhren
- 1 Knollensellerie (ca. 500 g)
- 375 g Champignons
- 1 Bio-Zitrone
- 2 Knoblauchzehen
- 1 küchenfertiges Hähnchen (ca. 1,2 kg)
- 2 EL Öl ♥ Salz ♥ Pfeffer
- 1 TL Gemüsebrühe (instant)
- 2 Lorbeerblätter
- 125 ml trockener Weißwein

1 Römertopf 10–15 Minuten in kaltes Wasser legen. Schalotten schälen und halbieren. Möhren und Sellerie schälen und waschen. Möhren längs halbieren und in Stücke schneiden. Sellerie grob würfeln. Pilze putzen, waschen und je nach Größe halbieren. Zitrone waschen und halbieren. Knoblauch schälen und fein hacken.

2 Hähnchen abspülen, trocken tupfen und in 8 Stücke teilen (s. Tipp S. 103). Öl mit Salz und Pfeffer verrühren. Hähnchenteile damit bestreichen. Brühe in 125 ml heißem Wasser auflösen.

3 Vorbereitetes Gemüse, Zitrone, Knoblauch, Lorbeer und etwas Salz in dem gewässerten Römertopf mischen. Hähnchenteile darauf verteilen. Brühe und Wein angießen.

4 Römertopf zugedeckt auf dem Gitterrost in den kalten Backofen stellen. Backofen anstellen (E-Herd: 200 °C/Umluft: 180 °C/Gas: s. Hersteller). Alles ca. 1 ¼ Stunden garen. Zum Schluss Deckel abnehmen und ca. 15 Minuten weiterbraten.

ZUBEREITUNGSZEIT ca. 2 Std.
PORTION ca. 480 kcal
E 43 g · F 24 g · KH 17 g

RICHTIGE HANDHABUNG

1. Den Römertopf stets wie im Rezept beschrieben wässern, sodass sich der Ton vollsaugt. Später im Ofen entsteht dadurch das typische Garklima.

2. Für die optimale Wärmeverteilung den Römertopf immer in den kalten Ofen schieben. Bei Gasherden mit niedriger Stufe beginnen, dann im 5-Minuten-Abstand stufenweise höher schalten, bis die gewünschte Stufe erreicht ist.

AUS DEM TONTOPF

Provenzalischer Schweinebraten

ZUTATEN FÜR 4 PERSONEN
- 2 Zucchini
- 3 Paprikaschoten (z. B. rot, gelb und grün)
- 750 g Kartoffeln (z. B. neue)
- 1 junge Knoblauchknolle
- 3 Zweige Rosmarin
- 5 Stiele Thymian
- 1 kg ausgelöstes Schweinekotelett
- Salz • Pfeffer
- 3 Lorbeerblätter
- 2 EL Olivenöl

1 Römertopf 10–15 Minuten in kaltes Wasser legen. Zucchini und Paprika putzen und waschen. Zucchini in Scheiben, Paprika in Stücke schneiden. Kartoffeln gründlich waschen und halbieren. Knoblauch waschen und halbieren. Kräuter waschen. Thymianblättchen abzupfen. Fleisch trocken tupfen, mit Salz und Pfeffer würzen.

2 Gemüse, Kartoffeln, Knoblauch, Thymian, Rosmarin und Lorbeer in dem gewässerten Römertopf mischen. Mit Salz und Pfeffer würzen. Öl darüberträufeln und das Fleisch daraufsetzen.

3 Römertopf zugedeckt auf dem Gitterrost in den kalten Backofen stellen. Backofen anstellen (E-Herd: 180 °C/ Umluft: 160 °C/Gas: s. Hersteller). Alles ca. 1 ¾ Stunden garen. Zum Schluss Deckel abnehmen und ca. 15 Minuten weiterbraten.

ZUBEREITUNGSZEIT ca. 2 ¼ Std.
PORTION ca. 550 kcal
E 61 g · F 19 g · KH 33 g

AUS DEM TONTOPF

Marokkanische Tajine mit Lamm

ZUTATEN FÜR 4 PERSONEN
- 2 Zwiebeln
- 2 Knoblauchzehen
- 800 g Lammschulter
- 2 EL Olivenöl
- 1–2 TL Kreuzkümmel
- 1 TL Rosenpaprika
- Salz ♥ Pfeffer
- 1 Döschen (0,1 g) Safranfäden
- 400 g grüne Bohnen
- 3 Möhren
- 4 Tomaten
- 3 Stiele Minze
- 200 g Vollmilchjoghurt

1 Zwiebeln und Knoblauch schälen und fein würfeln. Fleisch trocken tupfen und in Würfel schneiden.

2 Öl in einer Tajine (s. Info; ersatzweise in einem Schmortopf) erhitzen. Fleisch darin kräftig anbraten. Zwiebeln zufügen und mitbraten. Mit Kreuzkümmel, Rosenpaprika, Salz und Pfeffer würzen. Safran in 300 ml Wasser rühren, zum Fleisch gießen. Deckel aufsetzen und kaltes Wasser in die Deckelmulde gießen. Alles in der geschlossenen Tajine bei mittlerer Hitze zunächst ca. 25 Minuten schmoren.

3 Inzwischen Bohnen waschen, putzen und halbieren. Möhren schälen, waschen und in Scheiben schneiden. Tomaten waschen und in Würfel schneiden. Bohnen, Möhren und Tomaten in der Tajine über dem Fleisch einschichten, dabei mit Salz und Pfeffer würzen. Alles zugedeckt ca. 25 Minuten weitergaren.

4 **FÜR DEN MINZJOGHURT** Minze waschen und fein hacken. Joghurt und Minze verrühren. Mit Salz, Pfeffer und 1 Prise Kreuzkümmel abschmecken. Tajine mit Salz und Pfeffer abschmecken. Minzjoghurt extra reichen. Dazu schmeckt Couscous.

ZUBEREITUNGSZEIT ca. 1 Std.
PORTION ca. 710 kcal
E 34 g · F 64 g · KH 4 g

WIE FUNKTIONIERT DIE TAJINE?

Das traditionelle Kochgeschirr aus Marokko ist im Gegensatz zum Römertopf auch für Herdplatte und Grill geeignet. In die Spitze des Deckels wird kaltes Wasser gegeben. Das und die Trichterform sorgen dafür, dass Dampf am Deckel kondensiert, heruntertropft und so das Gargut zart und saftig wird.

Lorbeerfilet aus dem Römertopf

ZUTATEN FÜR 4 PERSONEN
- ♥ 600 g Schweinefilet
- ♥ 6 Stiele frische Lorbeerblätter
- ♥ Salz ♥ Pfeffer
- ♥ 1 Glas (720 ml) weiße Bohnen
- ♥ 250 g Kirschtomaten
- ♥ 75 g getrocknete Softtomaten
- ♥ 3 Knoblauchzehen
- ♥ 1 TL Gemüsebrühe (instant)
- ♥ *Küchengarn*

1 Römertopf 10–15 Minuten in kaltes Wasser legen. Inzwischen Fleisch trocken tupfen und in 8 dicke Medaillons schneiden. Lorbeerblätter waschen und trocken tupfen. Medaillons mit Küchengarn in Form binden, dabei Lorbeerblätter am Rand fixieren. Fleisch mit Salz und Pfeffer würzen.

2 Bohnen gut abtropfen lassen. Kirschtomaten waschen und halbieren. Softtomaten in grobe Stücke schneiden. Knoblauch schälen und in Scheiben schneiden oder grob würfeln.

3 Bohnen, Knoblauch und gesamte Tomaten in dem gewässerten Römertopf mischen. Mit Salz und Pfeffer würzen. Brühe in 200 ml heißem Wasser auflösen und angießen. Fleisch auf dem Gemüse verteilen.

4 Römertopf zugedeckt auf dem Gitterrost in den kalten Backofen stellen. Backofen anstellen (E-Herd: 200 °C/ Umluft: 180 °C/Gas: s. Hersteller). Alles ca. 40 Minuten schmoren. Zum Schluss Deckel abnehmen und ca. 15 Minuten weiterbraten. Dazu schmeckt geröstetes Bauernbrot.

ZUBEREITUNGSZEIT ca. 1 Std.
PORTION ca. 310 kcal
E 41 g · F 9 g · KH 13 g

AUS DEM TONTOPF

Tajine mit Rindfleisch und Kartoffeln

ZUTATEN FÜR 4 PERSONEN
- 1 Zwiebel ♥ 2 Knoblauchzehen
- 1 Stück (ca. 4 cm) Ingwer
- 1 rote Chilischote
- 800 g Rindergulasch
- 1 EL Öl
- 1 TL gemahlener Kurkuma
- 1 TL Edelsüßpaprika
- Salz ♥ Pfeffer
- 1 Zimtstange
- 2 Möhren
- 600 g Kartoffeln ♥ 3 Tomaten
- 5 Stiele Koriander oder Petersilie
- 2 EL Zitronensaft

1 Zwiebel, Knoblauch und Ingwer schälen. Zwiebel halbieren und in Streifen schneiden. Knoblauch und Ingwer fein würfeln. Chili putzen, entkernen, waschen und fein hacken. Fleisch trocken tupfen und eventuell kleiner schneiden.

2 Öl in einer Tajine oder einem Schmortopf erhitzen. Fleisch darin ca. 8 Minuten kräftig anbraten. Zwiebel, Knoblauch, Ingwer und Chili zufügen und kurz mitbraten. Alles mit Kurkuma, Edelsüßpaprika, Salz und Pfeffer kräftig würzen. Zimtstange dazugeben. 100 ml Wasser angießen und alles zugedeckt ca. 1 ½ Stunden bei geringer Hitze schmoren. Eventuell etwas Wasser nachgießen.

3 Inzwischen Möhren und Kartoffeln schälen, waschen und in Scheiben bzw. Würfel schneiden. Nach ca. 30 Minuten unter das Fleisch mischen und mitgaren.

4 Tomaten waschen, vierteln und ca. 30 Minuten vor Ende der Garzeit zufügen. Koriander waschen, fein hacken und unter die Tajine rühren. Tajine mit Zitronensaft, Salz und Pfeffer abschmecken. Dazu schmeckt Couscous.

ZUBEREITUNGSZEIT ca. 1 ¾ Std.
PORTION ca. 440 kcal
E 41 g · F 19 g · KH 23 g

Currys & Chilis

Auch andere Länder kochen leckere Eintöpfe! Exotische Currys entführen in die Welt fernöstlicher Gewürze, während scharfe Chilis Wildwest-Flair in die Küche bringen

CURRYS & CHILIS

Möhren-Kokos-Curry mit Pute

ZUTATEN FÜR 4 PERSONEN
- 3 Zwiebeln
- 1 Knoblauchzehe
- 1 kg Möhren
- 500 g Putenschnitzel
- 4 EL Öl
- Salz • Pfeffer
- 3–4 TL Currypulver
- 1 Dose (400 ml) ungesüßte Kokosmilch
- 5 Stiele Koriander
- 200 g Vollmilchjoghurt

1 Zwiebeln und Knoblauch schälen und fein schneiden. Möhren schälen, waschen und in dicke Scheiben schneiden. Schnitzel abspülen, trocken tupfen und in Streifen schneiden.

2 2 EL Öl in einer großen Pfanne mit Deckel erhitzen. Schnitzelstreifen darin rundherum ca. 5 Minuten kräftig anbraten. Mit Salz und Pfeffer würzen. Herausnehmen.

3 2 EL Öl im Bratfett erhitzen. Zwiebeln, Knoblauch und Möhren darin andünsten. Curry darüberstäuben und kurz anschwitzen. 300 ml Wasser und Kokosmilch einrühren. Alles aufkochen und zugedeckt ca. 12 Minuten köcheln. Mit Salz und Pfeffer abschmecken.

4 Inzwischen Koriander waschen und die Blättchen abzupfen. Putenstreifen zum Curry geben. Mit Salz und Pfeffer abschmecken. Koriander unterrühren. Joghurt dazu reichen. Dazu schmeckt Fladenbrot.

ZUBEREITUNGSZEIT ca. 45 Min.
PORTION ca. 480 kcal
E 36 g · F 28 g · KH 17 g

CURRYS & CHILIS

Würstchenchili für Kinder

ZUTATEN FÜR 4 PERSONEN
- 2 Zwiebeln
- 1 Knoblauchzehe
- 1 rote Paprikaschote
- 4 Wiener Würstchen (ca. 400 g)
- 1 Dose (425 ml) Kidneybohnen
- 1 Dose (425 ml) Mais
- 1 EL Öl
- 1 Packung (400 g) stückige Tomaten
- 1 TL Gemüsebrühe (instant)
- Salz • Cayennepfeffer

1 Zwiebeln und Knoblauch schälen und würfeln. Paprika putzen, waschen und fein würfeln. Würstchen in Scheiben schneiden. Kidneybohnen in ein Sieb abgießen, abspülen und abtropfen lassen. Mais abgießen.

2 Öl in einem Topf erhitzen. Zwiebel und Knoblauch darin andünsten. Tomaten und 250 ml Wasser zugießen, aufkochen. Brühe einrühren und alles offen ca. 5 Minuten köcheln. Kidneybohnen, Mais und Wurstscheiben in die Soße geben und 2–3 Minuten köcheln. Mit Salz und etwas Cayennepfeffer abschmecken. Dazu passen Nudeln.

ZUBEREITUNGSZEIT ca. 20 Min.
PORTION ca. 440 kcal
E 20 g · F 28 g · KH 24 g

CURRYS & CHILIS

Kartoffelcurry mit Zuckerschoten

ZUTATEN FÜR 4 PERSONEN
- 1 Bund Lauchzwiebeln
- 2 Möhren • 1 Knoblauchzehe
- 1 Stück (ca. 2 cm) Ingwer
- 800 g Kartoffeln • 2 EL Öl
- 2–3 EL gelbe Currypaste (oder 2 EL Currypulver)
- Salz • Pfeffer
- 1 Dose (400 g) ungesüßte Kokosmilch
- 200 g Zuckerschoten (oder TK-Erbsen)
- 5 Stiele Minze
- 250 g Sahnejoghurt

1 Lauchzwiebeln putzen, waschen und in Ringe schneiden. Möhren schälen, waschen und in dünne Scheiben schneiden. Knoblauch und Ingwer schälen und fein hacken. Kartoffeln schälen, waschen und fein würfeln.

2 Öl in einem Topf erhitzen. Ingwer, Knoblauch, Lauchzwiebeln, Möhren und Kartoffeln darin ca. 5 Minuten andünsten. Currypaste zufügen und unter Rühren kurz anschwitzen. Mit Salz und Pfeffer würzen. Kokosmilch und 250 ml Wasser einrühren, alles aufkochen und zugedeckt ca. 12 Minuten garen.

3 Inzwischen Zuckerschoten putzen und waschen. In das Curry geben und 2–3 Minuten mitgaren.

4 Minze waschen, Blättchen in feine Streifen schneiden. Joghurt und Minze verrühren. Dip mit Salz und Pfeffer würzen. Kartoffelcurry mit Salz und Pfeffer abschmecken. Minzjoghurt dazu reichen.

ZUBEREITUNGSZEIT ca. 30 Min.
PORTION ca. 350 kcal
E 10 g · F 15 g · KH 42 g

vegetarisch

CURRYS & CHILIS

Fruchtiges Fischcurry mit Erdnüssen

ZUTATEN FÜR 4 PERSONEN
- 1 Zwiebel
- 3 Möhren
- 2 Zucchini
- 1 Mango
- 500 g Fischfilet (z. B. Seelachs oder Rotbarsch)
- Salz • Pfeffer
- 3–4 EL + 1 TL Mehl
- 3 EL Öl
- 4 TL Currypulver
- 1 Dose (400 ml) ungesüßte Kokosmilch
- 2 EL geröstete, gesalzene Erdnüsse
- 3 Stiele Koriander oder glatte Petersilie
- 1–2 EL Limettensaft

1 Zwiebel schälen und hacken. Möhren schälen, waschen und in Stücke schneiden. Zucchini putzen, waschen und grob würfeln. Mango schälen, Fruchtfleisch vom Stein schneiden und würfeln. Fisch abspülen, trocken tupfen und würfeln. Mit Salz und Pfeffer würzen. In 3–4 EL Mehl wenden.

2 In einem weiten Topf 2 EL Öl erhitzen. Fisch darin rundherum ca. 3 Minuten braten. Herausnehmen. 1 EL Öl in dem Bratfett erhitzen. Zwiebel und Möhren darin andünsten. Mit Salz und Pfeffer würzen. Curry und 1 TL Mehl darüberstäuben und kurz anschwitzen. Kokosmilch und 250 ml Wasser einrühren, aufkochen. Zucchini zufügen und alles zugedeckt ca. 10 Minuten köcheln.

3 Inzwischen Erdnüsse grob hacken. Koriander waschen und fein schneiden. Fischcurry mit Limettensaft, Salz und Pfeffer abschmecken. Fischstücke, Mango, Koriander und Erdnüsse in der Soße erhitzen. Dazu schmeckt Reis.

ZUBEREITUNGSZEIT ca. 35 Min.
PORTION ca. 400 kcal
E 28 g · F 22 g · KH 19 g

CURRYS & CHILIS

Chili con Carne mit Salsicce und Zitronenmozzarella

ZUTATEN FÜR 4 PERSONEN
- 2 Zwiebeln
- 2 Knoblauchzehen
- 2 EL Öl
- 6 Salsicce (à ca. 85 g; oder s. Tipp)
- 2 EL Öl
- 100 ml trockener Rotwein
- 1 Dose (850 ml) Tomaten
- Salz • Pfeffer
- 1 Dose (425 ml) weiße Bohnenkerne
- 125 g Mozzarella
- 5 Stiele Basilikum
- 1 Bio-Zitrone

1 Zwiebeln und Knoblauch schälen und würfeln. Öl in einem Schmortopf erhitzen. Wurstbrät direkt aus der Haut in das heiße Öl drücken und ca. 5 Minuten krümelig braten. Zwiebeln und Knoblauch kurz mitbraten. Mit Wein und Tomaten samt Saft ablöschen. Mit Salz und Pfeffer würzen. Tomaten zerkleinern, alles aufkochen und ca. 10 Minuten offen köcheln. Bohnen abgießen, unterrühren und ca. 5 Minuten weiterköcheln. Mit Salz und Pfeffer abschmecken.

2 Mozzarella zwischen zwei Lagen Küchenpapier legen und leicht zusammendrücken, damit die Flüssigkeit heraustreten kann. Basilikum waschen und fein schneiden. Zitrone heiß waschen und Schale dünn abraspeln. Mozzarella zerzupfen. Mit Basilikum und Zitronenschale mischen und über das Chili geben.

ZUBEREITUNGSZEIT ca. 30 Min.
PORTION ca. 640 kcal
E 30 g · F 48 g · KH 13 g

EINKAUFSTIPP

Salsicce (Einzahl: Salsiccia) sind mit Fenchel und Knoblauch gewürzte Würstchen aus Italien. Sie können sie durch grobe Bratwürste ersetzen.

CURRYS & CHILIS

Rindfleisch-Kokos-Curry

ZUTATEN FÜR 4 PERSONEN
- 500 g grüne Bohnen
- 1 Zwiebel
- 1 Knoblauchzehe
- 600 g Huftsteak
- 2 EL Öl • Salz • Pfeffer
- 2 EL Currypulver
- 1 Dose (400 g) ungesüßte Kokosmilch
- 6 Stiele Basilikum
- Zucker

1 Bohnen putzen und waschen. Zwiebel und Knoblauch schälen und fein würfeln. Fleisch trocken tupfen und in Streifen schneiden.

2 Öl in einer hohen Pfanne oder einem Wok erhitzen. Fleisch darin portionsweise kurz und kräftig anbraten. Mit Salz und Pfeffer würzen und herausnehmen. Zwiebel und Knoblauch im Bratfett glasig dünsten. Curry darüberstäuben und kurz anschwitzen. Mit Kokosmilch und 250 ml Wasser ablöschen. Alles aufkochen. Bohnen zufügen und ca. 10 Minuten köcheln.

3 Basilikum waschen und in Streifen schneiden. Fleisch und Basilikum in die Soße geben und ca. 2 Minuten weiterköcheln. Curry mit Salz, Pfeffer und 1 Prise Zucker abschmecken. Dazu schmeckt Reis.

ZUBEREITUNGSZEIT ca. 40 Min.
PORTION ca. 560 kcal
E 39 g · F 26 g · KH 39 g

CURRYS & CHILIS

Feuriges Fisch-Chili

ZUTATEN FÜR 4 PERSONEN
- 2 große Kartoffeln
- 2 EL Öl
- 1 Zwiebel
- 2 TL Gemüsebrühe (instant)
- 1 Dose (212 ml) Mais
- 1 Dose (425 ml) Kidneybohnen
- 5 Stiele Koriander
- 600 g Seelachsfilet
- 1 Dose (425 ml) stückige Tomaten
- Salz Cayennepfeffer

1 Kartoffeln schälen, waschen und würfeln. Öl in einem weiten Topf erhitzen. Kartoffeln darin ca. 3 Minuten andünsten. Inzwischen Zwiebel schälen, würfeln und mitdünsten. Mit 200 ml Wasser ablöschen. Aufkochen, Brühe einrühren und zugedeckt ca. 10 Minuten köcheln.

2 Mais abgießen. Bohnen in einem Sieb abspülen und abtropfen lassen. Koriander waschen, Blättchen abzupfen und grob schneiden. Fisch abspülen, trocken tupfen und in große Würfel schneiden.

3 Mais, Bohnen und Tomaten zu den Kartoffeln geben. Mit Salz und Cayennepfeffer würzen. Alles aufkochen. Fisch und Koriander darauf verteilen und zugedeckt weitere ca. 5 Minuten köcheln. Mit Salz und Cayennepfeffer abschmecken.

ZUBEREITUNGSZEIT ca. 25 Min.
PORTION ca. 400 kcal
E 37 g · F 13 g · KH 30 g

CURRYS & CHILIS

Schnelles Curry mit Hack und Erbsen

ZUTATEN FÜR 4 PERSONEN
- 1 Zwiebel
- 2 EL Öl
- 500 g Lamm- oder Rinderhack
- Salz • Pfeffer
- 1–2 TL grüne Currypaste
- 200 ml ungesüßte Kokosmilch
- 1 TL Gemüsebrühe (instant)
- 200 g TK-Erbsen
- 5 Stiele Koriander

1 Zwiebel schälen und fein würfeln. Öl in einer großen Pfanne erhitzen. Hack darin krümelig anbraten. Zwiebel zufügen und kurz mitbraten. Mit Salz und Pfeffer würzen. Curry einrühren und kurz anschwitzen. Mit Kokosmilch und 300 ml Wasser ablöschen. Alles aufkochen, Brühe einrühren und offen ca. 10 Minuten schmoren.

2 Gefrorene Erbsen unter das Hack rühren und ca. 3 Minuten mitgaren. Hackpfanne mit Salz und Pfeffer abschmecken. Koriander waschen, fein hacken und unterrühren. Dazu schmeckt Reis.

ZUBEREITUNGSZEIT ca. 25 Min.
PORTION ca. 700 kcal
E 37 g · F 39 g · KH 45 g

CURRYS & CHILIS

Feines Kürbiscurry in Kokosmilch

ZUTATEN FÜR 4 PERSONEN
- 2 Dosen (à 425 ml) Kichererbsen
- 1 kleiner Hokkaidokürbis
- 2 Zucchini (à ca. 200 g)
- 2 rote Chilischoten
- 1 Zwiebel
- 2 Knoblauchzehen
- 3 EL Kürbiskerne
- 2 EL Öl • Salz
- 3 TL Currypulver
- 1 Dose (400 ml) ungesüßte Kokosmilch
- 5 EL Sojasoße
- 1 TL Gemüsebrühe (instant)
- 1 Radicchio • Pfeffer

1 Kichererbsen in ein Sieb abgießen, abspülen und abtropfen lassen. Kürbis waschen, halbieren und die Kerne entfernen. Fruchtfleisch samt Schale klein schneiden. Zucchini waschen und putzen. Mit einem Spiralschneider oder einem Julienneschneider in lange Streifen schneiden. Chilis putzen, längs aufschneiden, entkernen, waschen und fein hacken. Zwiebel und Knoblauch schälen und fein würfeln.

2 Kürbiskerne in einem Topf ohne Fett rösten. Herausnehmen. Öl in dem Topf erhitzen. Zucchinistreifen darin ca. 2 Minuten anbraten. Mit Salz würzen, herausnehmen. Kürbis, Zwiebel, Knoblauch und Chili im Bratfett anbraten. Curry darüberstäuben und kurz anschwitzen. Kichererbsen zufügen. Mit Kokosmilch und 400 ml Wasser ablöschen. Aufkochen, mit Sojasoße und Brühe würzen und zugedeckt 8–10 Minuten köcheln.

3 Inzwischen Radicchio putzen, waschen und in Streifen schneiden. Radicchio und Zucchini unter das Curry heben. Mit Salz und Pfeffer abschmecken. Mit den Kürbiskernen bestreut anrichten.

ZUBEREITUNGSZEIT ca. 35 Min.
PORTION ca. 440 kcal
E 14 g · F 25 g · KH 37 g

Alles vom Blech

Hier hat der Topf mal Pause, und das Backblech übernimmt den Job. Das köstliche Eintopf-Prinzip bleibt jedoch dasselbe: alle Zutaten zusammenschmeißen, lecker abschmecken und der Vollendung entgegenschmurgeln lassen

VOM BLECH

Kürbisgemüse mit Hack und Feta

ZUTATEN FÜR 4 PERSONEN
- 1–2 rote Chilischoten
- 400 g gemischtes Hack
- 2 EL Tomatenmark ♥ Salz
- 5 EL Olivenöl
- 1,2 kg Hokkaidokürbis
- 3 rote Zwiebeln
- ½ Knoblauchknolle
- 2 Zweige Rosmarin
- 2 EL flüssiger Honig ♥ Pfeffer
- 50 g Kürbiskerne
- 200 g cremiger Fetakäse
- 150 g Crème fraîche

1 Chili waschen, putzen und in feine Ringe schneiden. Hackfleisch und Tomatenmark verkneten. Mit Salz und Chili würzen. Hack grob zerzupfen und als Flöckchen auf einem mit 1 EL Öl gefetteten Backblech verteilen. Im vorgeheizten Backofen (E-Herd: 200 °C/ Umluft: 180 °C/Gas: s. Hersteller) ca. 10 Minuten backen.

2 Inzwischen Kürbis putzen, entkernen, waschen und grob würfeln. Zwiebeln und Knoblauch schälen. Zwiebeln in Spalten schneiden. Rosmarin waschen, Nadeln abstreifen und grob hacken.

3 Kürbis, Zwiebeln, Knoblauchzehen und Rosmarin mit Honig, 4 EL Öl, Salz und Pfeffer mischen. Backblech aus dem Ofen nehmen. Kürbis und Hackfleisch mischen. Mit Kürbiskernen bestreuen. Im heißen Ofen bei gleicher Temperatur 30–35 Minuten backen.

4 Feta zerbröseln und mit Crème fraîche verrühren. Auf dem Kürbisgemüse verteilen und alles ca. 5 Minuten weitergaren.

ZUBEREITUNGSZEIT ca. 1 Std.
PORTION ca. 790 kcal
E 36 g · F 58 g · KH 25 g

VOM BLECH

Plattes Huhn zu geschmorten Tomaten

ZUTATEN FÜR 4 PERSONEN
- 4 Stiele Thymian
- 1 Knoblauchzehe
- 1 küchenfertiges Hähnchen (ca. 1,5 kg)
- Salz • Pfeffer
- Edelsüßpaprika
- Öl für die Fettpfanne
- 2–3 EL Olivenöl
- 1,2 kg reife Tomaten (z. B. Flaschentomaten, gelbe oder krause Tomaten)

1 Thymian waschen, Blättchen abzupfen und hacken. Knoblauch schälen und hacken. Hähnchen am Rücken längs aufschneiden, gründlich waschen und trocken tupfen. Brustbein so weit einschneiden, dass das Hähnchen flach auseinandergelegt werden kann.

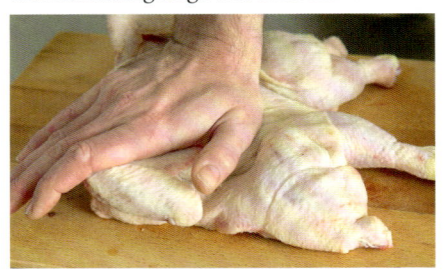

2 Hähnchen rundherum mit Salz, Pfeffer und Edelsüßpaprika würzen. Die Innenseite zusätzlich mit Thymian und Knoblauch würzen. Hähnchen auf eine geölte Fettpfanne legen und im vorgeheizten Backofen (E-Herd: 200 °C/Umluft: 180 °C/Gas: s. Hersteller) ca. 1 ½ Stunden braten.

3 Öl mit Salz und Pfeffer würzen. Tomaten waschen und damit mischen. Ca. 45 Minuten vor Ende der Bratzeit um das Hähnchen verteilen und alles zu Ende braten. Dazu schmecken Röstkartoffeln.

ZUBEREITUNGSZEIT ca. 1 ¾ Std.
PORTION ca. 510 kcal
E 51 g · F 29 g · KH 7 g

VOM BLECH

Bierbraten vom Blech

ZUTATEN FÜR 8 PERSONEN
- 2,8 kg Schweinenackenbraten (Knochen vom Fleischer auslösen lassen)
- Salz • Pfeffer
- 2 TL Gemüsebrühe (instant)
- 500 ml Malzbier
- 3 Zwiebeln
- 200 g Petersilienwurzeln
- 750 g Möhren
- 400 g Pastinaken
- 2 Stangen Porree
- 100 g heller Zuckerrübensirup

1 Fleisch und Knochen abspülen und trocken tupfen. Fleisch mit Salz und Pfeffer würzen. Knochen auf die Fettpfanne legen, Fleisch daraufsetzen. Im vorgeheizten Backofen (E-Herd: 180°C/Umluft: 160°C/Gas: s. Hersteller) insgesamt ca. 2½ Stunden braten. Brühe in 500 ml kochendem Wasser auflösen. Brühe und Bier nach ca. 30 Minuten über den Braten gießen.

2 Inzwischen Zwiebeln schälen und in Spalten schneiden. Gemüse schälen bzw. putzen und waschen. Petersilienwurzeln längs halbieren, Rest in grobe Stücke schneiden. Gemüse mit Salz und Pfeffer mischen. Nach ca. 1½ Stunden Bratzeit ums Fleisch verteilen.

3 Zuckerrübensirup und Pfeffer verrühren. Braten nach ca. 2 Stunden damit bestreichen und zu Ende garen. Braten und Gemüse anrichten. Dazu schmecken Klöße.

ZUBEREITUNGSZEIT ca. 2¾ Std.
PORTION ca. 700 kcal
E 53 g · F 39 g · KH 30 g

FÜR SOSSENFANS

*So einfach können Sie aus dem Schmorfond eine Soße ziehen: fertig gegarten Braten und Gemüse vom Blech nehmen und warm stellen. Fond durch ein Sieb gießen, aufkochen und mit **3 EL dunklem Soßenbinder** andicken. Soße mit **Salz** und **Pfeffer** abschmecken.*

VOM BLECH

Gebackener Sahnekürbis vom Blech

ZUTATEN FÜR 4 PERSONEN
- 1 großer Hokkaidokürbis (ca. 1 kg)
- 500 g Kartoffeln
- 5 EL Öl
- Salz • Pfeffer
- 250 g Kirschtomaten
- 50 g Parmesan
- 400 g Schlagsahne
- 1 TL getrocknete Kräuter der Provence

1 Hokkaido halbieren, Kerne entfernen (s. Tipp), waschen und Fruchtfleisch in Spalten schneiden. Kartoffeln schälen, waschen und eventuell halbieren. Kartoffeln und Kürbis auf einem Backblech mit Öl mischen. Mit Salz und Pfeffer würzen. Tomaten mit auf das Backblech legen.

2 Parmesan reiben. Sahne und Hälfte Parmesan verrühren. Mit Salz, Pfeffer und Kräutern der Provence würzen.

3 Kartoffeln, Kürbis und Tomaten mit Käsesahne übergießen. Restlichen Parmesan darüberstreuen. Alles im vorgeheizten Backofen (E-Herd: 230 °C/Umluft: 210 °C/Gas: s. Hersteller) 35–40 Minuten backen.

ZUBEREITUNGSZEIT ca. 1 Std.
PORTION ca. 540 kcal
E 11 g · F 43 g · KH 27 g

SCHNELL ENTKERNEN
Mithilfe eines Esslöffels lassen sich die Kürbiskerne ganz einfach aus dem halbierten Hokkaido herauskratzen.

> VOM BLECH

Maispoulardenbrust mit Zitronenkartoffeln

ZUTATEN FÜR 4 PERSONEN
- 600 g Kartoffeln
- 3 rote Zwiebeln
- 3 EL Öl
- Salz ♥ Pfeffer
- 3 Stiele Thymian
- Schale und Saft von 2 Bio-Zitronen
- 4 Maispoulardenbrüste (à ca. 180 g; ersatzweise 4 Hähnchenfilets mit Haut)

1 Kartoffeln schälen, waschen und halbieren. Zwiebeln schälen und in ca. ½ cm dicke Scheiben schneiden. Beides mit Öl, Salz und Pfeffer mischen und auf einem Backblech verteilen. Im vorgeheizten Backofen (E-Herd: 200 °C/ Umluft: 180 °C/Gas: s. Hersteller) zunächst ca. 10 Minuten backen.

2 Inzwischen Thymian waschen und grob zerzupfen. Zitronen heiß waschen, Schale fein abraspeln. Zitronen auspressen, Schalen aufheben. Hähnchenbrüste abspülen und trocken tupfen. Mit Salz und Pfeffer würzen.

3 Backblech aus dem Ofen nehmen. Kartoffeln mit Thymian, Zitronenschale, -saft und den ausgepressten Zitronenhälften mischen. Auf eine Hälfte des Backblechs schieben. Hähnchenbrüste mit der Hautseite nach oben auf die freie Hälfte des Backblechs legen. Alles bei gleicher Temperatur ca. 30 Minuten zu Ende backen.

ZUBEREITUNGSZEIT ca. 50 Min.
PORTION ca. 390 kcal
E 34 g · F 17 g · KH 23 g

Dazu schmeckt Kräuterjoghurt

2 Stiele Thymian und **½ Bund Schnittlauch** waschen, abzupfen bzw. in feine Röllchen schneiden. **150 g Vollmilchjoghurt** und Kräuter verrühren. Mit **Salz** und **Pfeffer** abschmecken.

VOM BLECH

Ofenschmorgemüse mit Bratwürsten

ZUTATEN FÜR 4 PERSONEN
- 500 g neue Kartoffeln
- 3 Möhren
- 3 Zwiebeln (z. B. rote)
- 250 g kleine Tomaten (z. B. Datteltomaten)
- 4 Stiele Thymian
- 3 EL Balsamico-Essig
- 2 EL flüssiger Honig
- Salz • Pfeffer
- Fett für das Blech
- 4 ungebrühte Bratwürste (à ca. 150 g)

1 Kartoffeln gründlich waschen und halbieren. Möhren schälen und in mundgerechte Stücke schneiden. Zwiebeln schälen und in Spalten schneiden. Tomaten waschen und halbieren. Thymian waschen, Blättchen abstreifen. Essig und Honig glatt rühren. Mit den vorbereiteten Zutaten mischen und mit Salz und Pfeffer würzen.

2 Alles auf einer Hälfte eines gefetteten Backblechs verteilen und im vorgeheizten Backofen (E-Herd: 200 °C/Umluft: 180 °C/Gas: s. Hersteller) zunächst ca. 15 Minuten backen.

3 Bratwürste auf die freie Hälfte des Backblechs legen und alles weitere 25–30 Minuten backen. Würste nach ca. 15 Minuten einmal wenden. Dazu schmeckt frisches Baguette.

ZUBEREITUNGSZEIT ca. 50 Min.
PORTION ca. 640 kcal
E 22 g · F 46 g · KH 30 g

VOM BLECH

Gebackene Tortellini mit Schinken und Zucchini

ZUTATEN FÜR 4–6 PERSONEN
- 150 g Gouda (Stück)
- 200 g gekochter Schinken (in Scheiben)
- 2 Zucchini (ca. 500 g)
- 400 g Schlagsahne
- 150 ml Milch
- 150 g Frischkäsezubereitung mit Kräutern
- Salz ♥ Pfeffer ♥ Muskat
- 800 g frische Tortellini mit Spinat und Ricottafüllung (Kühlregal)
- Fett für die Fettpfanne

1 Gouda grob reiben. Schinken in Streifen schneiden. Zucchini waschen, putzen, längs halbieren und in Scheiben schneiden. Sahne, Milch, Frischkäse und Gouda verrühren. Mit Salz, Pfeffer und Muskat kräftig würzen.

2 Tortellini, Schinken, Zucchini und Käseguss mischen und auf einer gefetteten Fettpfanne verteilen. Im vorgeheizten Backofen (E-Herd: 230 °C/Umluft: 210 °C/Gas: s. Hersteller) zunächst ca. 10 Minuten backen. Alles einmal durchrühren und ca. 20 Minuten fertig backen.

ZUBEREITUNGSZEIT ca. 40 Min.
PORTION ca. 710 kcal
E 31 g · F 42 g · KH 47 g

Kartoffelgerichte

Die tolle Knolle zeigt sich ganz von ihrer unkomplizierten Seite! Gebraten, überbacken, im Wok oder als Suppe erfreut sie den Gaumen mit herrlicher Vielfalt

KARTOFFELGERICHTE

Pikantes Süßkartoffel-Gemüse-Gulasch

ZUTATEN FÜR 4 PERSONEN
- 500 g Champignons
- 800 g Süßkartoffeln
- 500 g rote Paprikaschoten
- 1 kleiner Zweig Rosmarin
- 2–3 Zweige Thymian
- 4 EL Öl ♥ Salz ♥ Pfeffer
- 1 Bund Lauchzwiebeln
- 500 g Tomaten
- 250 g Vollmilchjoghurt
- abgeriebene Schale von 1 Bio-Zitrone
- 1 TL Zitronensaft
- 50–60 g Radieschensprossen

1 Champignons putzen, waschen und je nach Größe halbieren. Süßkartoffeln schälen, waschen und würfeln. Paprika putzen, waschen und in Stücke schneiden. Rosmarin und Thymian waschen und hacken.

2 2 EL Öl in einem Topf erhitzen. Champignons darin kräftig anbraten. Herausnehmen. 2 EL Öl im Bratfett erhitzen. Süßkartoffeln und Paprika darin kurz anbraten. Champignons, Rosmarin und Thymian zufügen. Mit Salz und Pfeffer würzen. Ca. 600 ml heißes Wasser angießen. Alles aufkochen und zugedeckt ca. 5 Minuten köcheln.

3 Lauchzwiebeln putzen, waschen und in Ringe schneiden. Tomaten waschen und grob würfeln. Lauchzwiebeln und Tomaten unter das Gemüsegulasch rühren. Nochmals aufkochen und zugedeckt ca. 10 Minuten weiterschmoren.

4 FÜR DEN ZITRONENJOGHURT Joghurt mit Zitronenschale und -saft verrühren. Mit Salz und Pfeffer abschmecken.

5 Sprossen waschen und abtropfen lassen. Gemüsegulasch mit Salz und Pfeffer abschmecken. Mit Zitronenjoghurt und Sprossen anrichten.

ZUBEREITUNGSZEIT ca. 1 Std.
PORTION ca. 440 kcal
E 12 g · F 14 g · KH 64 g

KARTOFFELGERICHTE

Cremiger Kartoffelauflauf mit Raclettekäse

ZUTATEN FÜR 4–6 PERSONEN
- 3 kleine Gemüsezwiebeln
- 200 g geräucherter durchwachsener Speck
- 1,25 kg Kartoffeln
- 2 EL Butterschmalz
- Salz • Pfeffer
- 250 ml trockener Weißwein
- 150 g Crème fraîche
- 250 g Raclettekäse (in Scheiben)
- evtl. Alufolie

1 Zwiebeln schälen und in dünne Ringe schneiden. Speck fein würfeln. Kartoffeln schälen, waschen und in Scheiben schneiden.

2 Butterschmalz in einem flachen Bräter erhitzen. Speckwürfel darin knusprig braten. Zwiebeln zufügen und mit anschwitzen. Kartoffeln untermischen und unter Wenden ca. 15 Minuten bei mittlerer Hitze braten. Mit Salz und Pfeffer würzen. Wein zugießen und alles ca. 10 Minuten köcheln. Crème fraîche einrühren.

3 Käsescheiben gleichmäßig auf der Kartoffelmasse verteilen. Bräter mit Deckel oder Alufolie zudecken. Kartoffelmischung im vorgeheizten Backofen (E-Herd: 180 °C/Umluft: 160 °C/Gas: s. Hersteller) 20–25 Minuten backen, bis der Käse geschmolzen ist. Dann den geschmolzenen Käse mit einem Pfannenwender unter die Kartoffeln mischen und den Auflauf bei gleicher Temperatur offen weitere 15–18 Minuten goldgelb überbacken.

ZUBEREITUNGSZEIT ca. 1 ¾ Std.
PORTION ca. 600 kcal
E 17 g · F 41 g · KH 29 g

KARTOFFELGERICHTE

Kartoffel-Wirsing-Tortilla

ZUTATEN FÜR 4 PERSONEN
- 1 Zwiebel
- 200 g Wirsing
- 800 g festkochende Kartoffeln
- 3 EL Kürbiskerne
- 4 EL Öl
- Salz ♥ Pfeffer
- 5 Eier (Gr. M)
- 4 EL Schlagsahne
- 100 g Ziegenfrischkäse

1 Zwiebel schälen und fein würfeln. Wirsing putzen, waschen und in feine Streifen schneiden. Kartoffeln schälen, waschen und in Scheiben schneiden.

2 Kürbiskerne in einer großen ofenfesten Pfanne mit Deckel rösten. Herausnehmen.

3 Öl in der Pfanne erhitzen. Kartoffeln darin anbraten. Mit Salz und Pfeffer würzen. Zugedeckt ca. 10 Minuten braten. Zwiebel und Wirsing zufügen und alles ca. 15 Minuten weiterbraten.

4 Inzwischen Eier und Sahne verquirlen, mit Salz und Pfeffer würzen. Gleichmäßig über die Kartoffelmischung gießen.

5 Tortilla im vorgeheizten Backofen (E-Herd: 200 °C/Umluft: 180 °C/Gas: s. Hersteller) ca. 15 Minuten goldbraun backen. Mithilfe eines flachen Deckels vorsichtig aus der Pfanne stürzen und umgedreht auf einem Teller anrichten. Tortilla mit Frischkäseflöckchen und Kürbiskernen bestreut servieren. Dazu schmeckt Salat.

ZUBEREITUNGSZEIT ca. 50 Min.
PORTION ca. 480 kcal
E 21 g · F 27 g · KH 34 g

PARTYTAUGLICH

Sie können die Tortilla auch in kleine Stückchen schneiden und mit Holzspießchen warm oder kalt als Fingerfood servieren.

KARTOFFELGERICHTE

Bauernfrühstück mit Kasseler und Sauerkraut

ZUTATEN FÜR 2 PERSONEN
- 400 g Kartoffeln
- 200 g ausgelöstes Kasselerkotelett
- 3 EL Öl
- 1 Zwiebel
- 1 Dose (314 ml) Sauerkraut
- 5 Eier (Gr. M)
- 100 ml Milch
- Pfeffer • Salz
- 150 g Schmand

1 Kartoffeln schälen und waschen. Kasseler trocken tupfen. Alles in kleine Würfel schneiden. 1 EL Öl in einer beschichteten Pfanne (ca. 22 cm Ø) erhitzen. Kasseler darin rundherum anbraten. Herausnehmen.

2 1 EL Öl im Bratfett erhitzen. Kartoffeln darin anbraten und zugedeckt bei schwacher Hitze ca. 10 Minuten garen.

3 Inzwischen Zwiebel schälen. Sauerkraut in ein Sieb geben, ausdrücken und gut abtropfen lassen. Eier und Milch verquirlen.

4 Hälfte Kartoffeln aus der Pfanne nehmen. Je Hälfte Zwiebel und Sauerkraut in die Pfanne geben und kurz mitbraten. Hälfte Kasseler unterheben. Alles mit Pfeffer und etwas Salz würzen.

5 Hälfte Eiermilch über die Kartoffeln gießen und bei schwacher Hitze stocken lassen. Bauernfrühstück vorsichtig auf einen Teller gleiten lassen und warm stellen.

6 1 EL Öl in der Pfanne erhitzen. Aus den restlichen Zutaten auf die gleiche Weise ein 2. Bauernfrühstück zubereiten. Schmand dazu reichen.

ZUBEREITUNGSZEIT ca. 50 Min.
PORTION ca. 650 kcal
E 50 g · F 34 g · KH 31 g

KARTOFFELGERICHTE

Süßkartoffel-Hähnchen-Wok

ZUTATEN FÜR 4 PERSONEN
- 1 rote Zwiebel ♥ 2 Lauchzwiebeln
- 500 g Brokkoli
- 1–2 Süßkartoffeln (ca. 500 g)
- 1 rote Chilischote
- 300 g Hähnchenfilet
- 75 g Cashewkerne (s. Tipp)
- 3 EL Öl ♥ 150 g passierte Tomaten
- 1 Dose (400 ml) ungesüßte Kokosmilch
- 2 EL Limettensaft ♥ Salz

1 Zwiebel schälen und grob würfeln. Lauchzwiebeln putzen, waschen und in feine Ringe schneiden. Brokkoli putzen, waschen und in Röschen schneiden. Süßkartoffeln schälen und in ca. 1 cm große Würfel schneiden. Chili putzen, entkernen, waschen und fein hacken. Fleisch abspülen, trocken tupfen und in dünne Scheiben schneiden.

2 Cashewkerne in einem Wok oder einer großen Pfanne ohne Fett goldbraun rösten. Herausnehmen. Öl in dem Wok erhitzen. Fleisch darin kräftig anbraten. Herausnehmen. Im heißen Bratfett Zwiebel, Brokkoli, Süßkartoffeln, Chili und Hälfte Lauchzwiebeln 2–3 Minuten anbraten. Mit Tomaten und Kokosmilch ablöschen. Aufkochen und ca. 8 Minuten köcheln.

3 Casherwkerne grob hacken. Fleisch zum Gemüse geben und nochmals kurz erhitzen. Alles mit Limettensaft und Salz abschmecken. Mit Cashewkernen und Rest Lauchzwiebeln bestreuen. Dazu schmeckt Naan- oder Fladenbrot.

ZUBEREITUNGSZEIT ca. 35 Min.
PORTION ca. 580 kcal
E 26 g · F 32 g · KH 44 g

AUS DEM SNACKREGAL

Cashewkerne können Sie auch bereits fertig geröstet kaufen. Es gibt sie gesalzen und ungewürzt. Wenn Sie gesalzene Kerne verwenden, das Gericht dann etwas vorsichtiger salzen.

KARTOFFELGERICHTE

Kürbis-Kartoffel-Suppe

ZUTATEN FÜR 4 PERSONEN
- 750 g Hokkaidokürbis
- 2 Möhren
- 400 g vorwiegend festkochende Kartoffeln
- 2–3 rote Chilischoten
- 1 Zwiebel
- 2 Knoblauchzehen
- 3 EL Olivenöl
- ½ TL gemahlener Kardamom
- Salz, Pfeffer
- 4 TL Gemüsebrühe (instant)
- 5 Stiele Petersilie
- 4 Scheiben Toastbrot

1 Kürbis waschen und entkernen. Möhren und Kartoffeln schälen und waschen. Alles grob würfeln. Chilis putzen, entkernen, waschen und in feine Ringe schneiden. Zwiebel und Knoblauch schälen und würfeln.

2 Öl in einem Topf erhitzen. Zwiebeln, Knoblauch, Chili und Kardamom darin andünsten. Kürbis, Möhren und Kartoffeln zufügen und kurz mitdünsten. Mit Salz und Pfeffer würzen. Ca. 1,5 l Wasser angießen, aufkochen und Brühe einrühren. Alles zugedeckt ca. 20 Minuten köcheln.

3 Petersilie waschen und grob hacken. Toastbrot in einem Toaster rösten und in kleine Würfel schneiden. Suppe mit dem Stabmixer fein pürieren und mit Salz abschmecken.

4 Suppe in tiefen Schalen anrichten, jeweils 1–2 EL Croûtons in die Suppe geben und mit Petersilie und nach Belieben einigen Chiliringen bestreuen.

ZUBEREITUNGSZEIT ca. 50 Min.
PORTION ca. 330 kcal
E 7 g · F 9 g · KH 52 g

vegetarisch

SUPER FÜR DEN VORRAT

Kochen Sie doch gleich eine größere Menge Suppe und frieren Sie sie portionsweise ein. Nach dem Auftauen können Sie sie mit verschiedenen Toppings (z. B. von Seite 98) abwandeln.

KARTOFFELGERICHTE

Vegetarisch

Kartoffel-Gemüse-Gratin

ZUTATEN FÜR 4 PERSONEN
- 3 Möhren
- 750 g Kartoffeln
- 2 Stangen Porree
- Fett für die Form
- 500 g Schlagsahne
- 1 TL getrockneter Thymian
- Salz • Pfeffer
- Muskat
- 50 g Haselnusskerne

1 Möhren und Kartoffeln schälen, waschen und in Scheiben schneiden. Porree putzen, waschen und in Ringe schneiden. Alles in einer gefetteten Auflaufform verteilen. Sahne mit Thymian, Salz, Pfeffer und Muskat würzen. Über das Gemüse gießen.

2 Gratin im vorgeheizten Backofen (E-Herd: 200 °C/Umluft: 180 °C/Gas: s. Hersteller) ca. 45 Minuten backen.

3 Haselnüsse grob hacken und ca. 5 Minuten vor Ende der Garzeit über das Gratin streuen. Zu Ende backen.

ZUBEREITUNGSZEIT ca. 1 Std.
PORTION ca. 620 kcal
E 10 g · F 48 g · KH 36 g

KARTOFFELGERICHTE

vegetarisch

Kartoffel-Gemüse-Curry

ZUTATEN FÜR 4 PERSONEN
- 2 große Kartoffeln
- 1 große Möhre
- 1 Zucchini
- 1 kleiner Blumenkohl
- 1 Zwiebel
- 2 EL Öl
- Salz • Pfeffer
- 4–5 TL Currypulver
- 1 TL Mehl
- 1 Dose (400 g) ungesüßte Kokosmilch
- 1–2 TL Gemüsebrühe (instant)
- 150 g TK-Erbsen
- 4 Stiele Koriander oder Petersilie

1 Kartoffeln schälen, waschen und in kleine Würfel schneiden. Möhre schälen, waschen und in Stifte schneiden. Zucchini putzen, waschen, längs vierteln und in Stücke schneiden. Blumenkohl putzen, waschen und in kleine Röschen teilen. Zwiebel schälen und fein würfeln.

2 Öl in einem weiten Topf erhitzen. Zwiebel, Kartoffeln, Möhre und Zucchini darin ca. 5 Minuten andünsten. Mit Salz und Pfeffer würzen. Mit 4 TL Curry und Mehl bestäuben und kurz anschwitzen. Mit ca. 400 ml Wasser und Kokosmilch ablöschen. Aufkochen, Brühe einrühren. Blumenkohl zufügen und zugedeckt ca. 10 Minuten köcheln, dabei einmal vorsichtig umrühren.

3 Gefrorene Erbsen zum Curry geben und alles ca. 5 Minuten offen weitergaren. Mit Salz, Pfeffer und Curry kräftig abschmecken. Kräuter waschen, Blättchen abzupfen und unter das Curry rühren.

ZUBEREITUNGSZEIT ca. 30 Min.
PORTION ca. 310 kcal
E 7 g · F 22 g · KH 19 g

WÜRZPASTE

Statt Currypulver können Sie auch mittelscharfe gelbe Currypaste aus dem Asialaden nehmen. Einfach 1–2 TL mit dem Gemüse anschwitzen. So schmeckt das Curry wie im Thai-Restaurant. Die Paste gibt's auch in Rot (scharf) und Grün (sehr scharf).

KARTOFFELGERICHTE

Hutspot* – Möhren-Kartoffel-Eintopf mit Rinderbrust

ZUTATEN FÜR 4 PERSONEN
- 1 kg Rinderbrust
- Salz
- 4 Zwiebeln
- 600 g Möhren
- 500 g Pastinaken
- 600 g Kartoffeln
- Pfeffer
- 1 Bund Petersilie

1 Fleisch waschen und in einem Topf mit ca. 1,5 l Wasser bedecken. Ca. 1 TL Salz zufügen und alles aufkochen. Zugedeckt ca. 1 ½ Stunden köcheln. Dabei entstehenden Schaum öfter abschöpfen.

2 Zwiebeln schälen und in Ringe schneiden. Möhren, Pastinaken und Kartoffeln schälen, waschen und grob würfeln. Alles zum Fleisch geben und zugedeckt ca. 45 Minuten weiterköcheln.

3 Fleisch aus der Brühe heben. Gemüse in der Brühe grob zerstampfen. Alles mit Salz und Pfeffer abschmecken. Fleisch von Fett und Knochen lösen, dann in Scheiben schneiden. Fleischscheiben wieder in die Suppe legen und nochmals kurz erhitzen. Petersilie waschen und fein hacken. Hutspot mit Petersilie bestreut servieren.

ZUBEREITUNGSZEIT ca. 2 ½ Std.
PORTION ca. 510 kcal
E 34 g · F 23 g · KH 38 g

*Der Hutspot gilt als ältester und populärster Eintopf Hollands

KARTOFFELGERICHTE

Rustikaler Kartoffeleintopf mit Würstchen

ZUTATEN FÜR 4 PERSONEN
- 800 g Kartoffeln
- 1 großes Bund Suppengrün (s. Info)
- 2 Zwiebeln
- 250 g Kabanossi
- 2 EL Butterschmalz
- 4 TL Gemüsebrühe (instant)
- 4 Wiener Würstchen (à ca. 100 g)
- 2 EL mittelscharfer Senf
- Salz ♥ Pfeffer
- 5 Stiele Petersilie

1 Kartoffeln und Suppengrün schälen bzw. putzen und waschen. Alles in grobe Stücke schneiden. Zwiebeln schälen und grob würfeln. Kabanossi in Scheiben schneiden.

2 Butterschmalz in einem großen Topf erhitzen. Zwiebeln darin glasig dünsten. Kabanossi kurz mitbraten. Kartoffeln und Suppengemüse zufügen und anschwitzen. Ca. 1 l Wasser und Brühe einrühren und zugedeckt ca. 25 Minuten köcheln.

3 Wiener Würstchen in den Eintopf geben und ca. 5 Minuten erhitzen. Eintopf mit Senf, Salz und Pfeffer abschmecken. Petersilie waschen, fein hacken und unterrühren.

ZUBEREITUNGSZEIT ca. 45 Min.
PORTION ca. 740 kcal
E 31 g · F 52 g · KH 31 g

SUPPENGRÜN

Zu einem Bund Suppengrün gehören stets ein Stück Knollensellerie, 1–2 Möhren, 1 Stange Porree und etwas Petersilie. Je nach Saison und Region kann auch noch 1 Petersilienwurzel dabei sein.

KARTOFFELGERICHTE

Roigabrageldi* de Munster – Elsässer Bratkartoffeln

ZUTATEN FÜR 4 PERSONEN
- 2 Zwiebeln
- 1 kg mehligkochende Kartoffeln
- Salz ♥ Pfeffer
- ½ TL gemahlener Kümmel
- 4 EL Öl
- 4 Stiele Petersilie
- 120 g Munster (Elsässer Weichkäse)

1 Zwiebeln schälen und in Ringe hobeln bzw. schneiden. Kartoffeln schälen, waschen und grob reiben. Kartoffeln mit Salz, Pfeffer und etwas Kümmel mischen.

2 Öl in einer großen Pfanne erhitzen. Zwiebelringe hineingeben und mit der Kartoffelmasse bedecken. Ca. 15 Minuten bei mittlerer Hitze zugedeckt braten, bis sich am Boden eine braune Kruste gebildet hat.

3 Kartoffelmasse mit einem Pfannenwender in grobe Stücke teilen und vorsichtig wenden. Zugedeckt 15–20 Minuten weiterbraten.

4 Petersilie waschen und hacken. Käse in 2–3 mm dünne Scheiben schneiden. Petersilie und Käse auf den Kartoffeln verteilen. Ca. 5 Minuten weiterbraten, bis der Käse geschmolzen ist.

ZUBEREITUNGSZEIT ca. 1 Std.
PORTION ca. 370 kcal
E 12 g · F 17 g · KH 39 g

> *Der Name Roigabrageldi kommt aus dem Alemannischen und bedeutet „roh Gebratenes". Die besondere regionale Note erhält das Gericht vom würzig-aromatischen Munsterkäse.

vegetarisch

Kaltschalen

Eine Portion Erfrischung bitte! An heißen Sommertagen gibt es nichts Wohltuenderes als ein cooles Obst- oder Gemüse-Süppchen. Am besten eisgekühlt genießen!

KALTSCHALEN

Gazpacho mit Gurke und Feta

ZUTATEN FÜR 4 PERSONEN
- 1 Zwiebel
- 2 Knoblauchzehen
- 3 EL Olivenöl
- 1 EL Tomatenmark
- 1 TL Rosenpaprika
- 1 l Tomatensaft (Flasche)
- Salz ♥ Pfeffer ♥ Zucker
- ½ Salatgurke (ca. 200 g)
- 100 g Feta
- 5 Stiele Petersilie

1 AM VORTAG FÜR DIE SUPPE Zwiebel und Knoblauch schälen und fein hacken. 2 EL Öl in einem Topf erhitzen. Zwiebel und Knoblauch darin glasig dünsten. Tomatenmark und Rosenpaprika kurz mit anschwitzen. Tomatensaft einrühren. Mit Salz, Pfeffer und 1 Prise Zucker abschmecken. Aufkochen und ca. 5 Minuten köcheln. Suppe abkühlen lassen und über Nacht kalt stellen.

2 AM NÄCHSTEN TAG FÜR DAS TOPPING Gurke waschen und eventuell schälen. Längs halbieren, entkernen und fein würfeln. Feta zerbröckeln. Petersilie waschen und fein hacken. Alles mischen.

3 Gazpacho mit Salz und Pfeffer abschmecken. Gut gekühlt in vier Schälchen verteilen und mit Gurken-Feta-Topping anrichten. 1 EL Öl darüberträufeln.

ZUBEREITUNGSZEIT ca. 30 Min. + Wartezeit mind. 12 Std.
PORTION ca. 200 kcal
E 8 g · F 12 g · KH 10 g

Dazu schmecken Knoblauch-Croûtons

1 Baguettebrötchen würfeln. **1 Knoblauchzehe** schälen und sehr fein hacken. **2 EL Butter** in einer Pfanne erhitzen. Knoblauch darin andünsten. Brötchenwürfel zufügen und goldbraun rösten. Herausnehmen.

KALTSCHALEN

Würzige Paprika-Kaltschale

ZUTATEN FÜR 4 PERSONEN
- 1 Zwiebel
- 1 Knoblauchzehe
- 1 Stück (ca. 2 cm) Ingwer
- 4–5 rote Paprikaschoten (ca. 1 kg)
- 2 EL Olivenöl
- 1–2 TL Rosenpaprika
- Salz • Pfeffer
- 2 TL Gemüsebrühe (instant)
- 5 Stiele Petersilie
- 4 TL Crème fraîche

1 Zwiebel, Knoblauch und Ingwer schälen und fein würfeln. Paprikaschoten putzen, waschen und in grobe Stücke schneiden.

2 Öl in einem Topf erhitzen. Zwiebel, Knoblauch und Ingwer darin andünsten. Paprikawürfel kurz mitdünsten. Mit Rosenpaprika, Salz und Pfeffer würzen. 750 ml Wasser und Brühe zufügen. Alles aufkochen und ca. 5 Minuten köcheln. Suppe fein pürieren (s. Tipp). Suppe erst auskühlen lassen, dann mindestens 5 Stunden kalt stellen.

3 Petersilie waschen und hacken. Suppe mit Salz und Pfeffer abschmecken. Mit Crème fraîche und Petersilie anrichten.

ZUBEREITUNGSZEIT ca. 20 Min. + Wartezeit mind. 6 Std.
PORTION ca. 160 kcal
E 3 g · F 12 g · KH 9 g

SPRITZSCHUTZ

Damit es beim Pürieren nicht unnötig spritzt: Stabmixer immer dicht am Boden kreisen lassen.

KALTSCHALEN

Kühles Erbsen-Minz-Süppchen

ZUTATEN FÜR 4 PERSONEN
- 1 Zwiebel
- 1 EL Öl
- Salz ♥ Pfeffer
- 300 g TK-Erbsen
- 2 TL Gemüsebrühe (instant)
- 4 Stiele Minze
- 500 g kalte Buttermilch
- 3 EL cremiger Joghurt ♥ Zucker

1 Zwiebel schälen und in Würfel schneiden. Öl in einem Topf erhitzen. Zwiebel darin glasig dünsten. Mit Salz und Pfeffer würzen. Gefrorene Erbsen zufügen. 250 ml Wasser angießen, Brühe einrühren. Alles aufkochen und zugedeckt ca. 10 Minuten köcheln.

2 Suppe mit einem Stabmixer fein pürieren. Auskühlen lassen und zugedeckt mindestens 5 Stunden, am besten über Nacht, kalt stellen.

3 Minze waschen, Blättchen abzupfen. Buttermilch und Minze, bis auf etwas zum Garnieren, in die Suppe rühren. Suppe erneut fein pürieren. Mit Salz und Pfeffer abschmecken.

4 Joghurt mit Salz und 1 Prise Zucker abschmecken. Erbsen-Minz-Süppchen gut gekühlt in vier Gläser verteilen. Mit Joghurt und Rest Minze garnieren.

ZUBEREITUNGSZEIT ca. 20 Min. + Wartezeit mind. 6 Std.
PORTION ca. 150 kcal
E 10 g · F 4 g · KH 17 g

Dazu schmeckt Rosmarin-Röstbrot

1 Zweig Rosmarin waschen, Nadeln abzupfen. **2 EL Olivenöl** in einer Pfanne erhitzen. Rosmarin und **4 dünne Scheiben Baguette** darin zusammen rösten. Mit **grobem Salz** bestreuen.

KALTSCHALEN

Kefir-Radieschen-Suppe

ZUTATEN FÜR 4 PERSONEN
- 2 große Salatgurken
- ½ Bund Schnittlauch
- 1 Bio-Zitrone
- 1 Becher (500 g) Kefir
- Salz ♥ Cayennepfeffer
- ½ Bund Radieschen
- ½ Beet Gartenkresse

1 Gurken waschen und 1 Stück (ca. 100 g) zum Garnieren beiseitelegen. Gurken schälen, längs halbieren, entkernen und grob würfeln. Schnittlauch waschen und in kleine Röllchen schneiden. Zitrone heiß waschen und die Schale dünn abraspeln. Zitrone halbieren und auspressen.

2 FÜR DIE SUPPE Gurken, Schnittlauch, Zitronensaft und Kefir in einen Standmixer geben und fein pürieren. Mit Salz und Cayennepfeffer kräftig abschmecken. Ca. 2 Stunden kalt stellen.

3 FÜR DAS TOPPING Radieschen putzen, waschen und in feine Stifte schneiden. Übrige Gurke sehr fein würfeln. Kresse vom Beet schneiden. Suppe in Schälchen mit Gurke, Radieschen und Kresse anrichten.

ZUBEREITUNGSZEIT ca. 15 Min. + Wartezeit ca. 2 Std.
PORTION ca. 90 kcal
E 6 g · F 2 g · KH 9 g

KALTSCHALEN

Himbeer-Melonen-Kaltschale

ZUTATEN FÜR 4 PERSONEN
- 2 Bio-Limetten
- 1 Stück (ca. 1 cm) Ingwer
- 1 Honigmelone
- 150 g Himbeeren
- 2–3 Stiele Minze

1 Limetten heiß waschen und die Schale fein abreiben. Limetten halbieren und auspressen. Ingwer schälen und klein schneiden. Melone vierteln, Kerne entfernen, schälen und das Fruchtfleisch grob würfeln. Himbeeren verlesen.

2 Melone, 100 g Himbeeren, Ingwer, Limettenschale und -saft im Universalzerkleinerer oder mit dem Stabmixer fein pürieren. Fruchtpüree mindestens 2 Stunden kalt stellen.

3 Inzwischen Minze waschen, Blättchen abzupfen und in sehr feine Streifen schneiden. Suppe mit Minze und übrigen Himbeeren anrichten.

ZUBEREITUNGSZEIT ca. 15 Min. + Wartezeit mind. 2 Std.
PORTION ca. 160 kcal
E 3 g · F 0 g · KH 34 g

KALTSCHALEN

Kalte Melonensuppe

ZUTATEN FÜR 4 PERSONEN
- 1 Charentais-Melone
- 3 Stiele Basilikum
- 100 ml Weißwein (z. B. halbtrockener)
- Salz ♥ Pfeffer

1 Melone halbieren, entkernen, schälen und das Fruchtfleisch in Stücke schneiden. Basilikum waschen, Blättchen abzupfen. Melone, Basilikumblättchen, bis auf einige zum Garnieren, und Wein mit dem Stabmixer fein pürieren. Mit Salz und Pfeffer abschmecken. Suppe mindestens 2 Stunden kalt stellen.

2 Gut gekühlte Suppe in Gläsern anrichten. Mit Basilikum garnieren und sofort servieren

ZUBEREITUNGSZEIT ca. 20 Min. + Wartezeit mind. 2 Std.
PORTION ca. 160 kcal
E 2 g · F 0 g · KH 32 g

Dazu schmecken Schinken-Chips

1 TL Olivenöl in einer kleinen Pfanne erhitzen. **2 Scheiben Parmaschinken** darin von beiden Seiten knusprig braten. Auf **Küchenpapier** abtropfen und abkühlen lassen. In kleine Stücke teilen.

KALTSCHALEN

Beschwipste Beerenkaltschale

ZUTATEN FÜR 4 PERSONEN
- 1 Vanilleschote
- 1 Bio-Orange
- 350 ml Rotwein
- 100 ml heller Traubensaft
- 75 g Zucker
- 1 Zimtstange
- 1 Gewürznelke
- 1 Sternanis
- 500 g gemischte Beeren (z. B. Brom-, Heidel-, Him- und Rote Johannisbeeren)
- Minze zum Verzieren

1 Vanilleschote längs einschneiden und das Mark mit dem Messerrücken herauskratzen. Orange heiß waschen und die Schale fein abreiben. Orange halbieren und auspressen.

2 Wein, Traubensaft, Orangenschale und -saft, Vanillemark samt Schote, Zucker, Zimt, Nelke und Anis in einen Topf geben. Alles langsam aufkochen und bei schwacher Hitze ca. 10 Minuten ziehen lassen. Vom Herd nehmen und etwas abkühlen lassen.

3 Inzwischen Beeren waschen und verlesen. Johannisbeeren von den Rispen streifen. Gesamte Beeren in einer Schüssel mischen. Wein durch ein Sieb über die Beeren gießen. Auskühlen lassen und mindestens 4 Stunden kalt stellen. Kaltschale mit Minze verziert anrichten.

ZUBEREITUNGSZEIT ca. 25 Min. + Wartezeit mind. 5 Std.
PORTION ca. 250 kcal
E 2 g · F 1 g · KH 30 g

VON A BIS Z

A

Asiasuppe mit Beefhackbällchen 97

B

Balsamicolinsen mit
Kasseler und Ciabatta 32
Bauerneintopf, geschmorter 105
Bauernfrühstück mit Kasseler
und Sauerkraut 172
Bauernomelett mit Zucchini 135
Beeren-Kaltschale, beschwipste 187
Bierbraten vom Blech 163
Bierfleisch, Salzburger 49
Biriyani – indischer Gemüsereis 114
Birnen, Bohnen und Kasseler 16
Blätterteiglöffel „Caprese" 99
Blumenkohlpfanne, schnelle 137
Bœuf bourguignon 39
Bohnen-Kartoffel-Stifado mit Lamm 47
Bohnen-Ofentopf mit Entenkeulen 110
Bohnen-Topf, zweierlei-, mit Hack 74
Brokkoli-Cremesüppchen 92
Bubble-up-Pizza 131
Burgundersteaks, sanft geschmorte 75

C

Chili con Carne mit Salsicce
und Zitronenmozzarella 155
Chili con Carne, weißes 69
Chorizo-Bohnen, spanische 77
Chorizo-Grissini 99
Coq au vin mit Zitrone 145
Couscous-Gemüse-Pfanne
mit Lammfilet 117
Couscous-Wok, lauwarmer 120
Curry, schnelles, mit Hack und Erbsen ... 158
Currywurst-Suppe 80

D

Dicke-Bohnen-Suppe mit Kasseler 12

E

Erbsen-Minz-Süppchen, kühles 183
Erbsenrisotto mit
gekochtem Schinken „Risi e bisi" 113
Erbsensuppe mit Wiener Würstchen 25
Erbsensuppe, sommerliche,
mit Räucherforelle 88

F

Fenchel-Gemüse-Pfanne mit Lachsfilet ... 142
Filetragout, feines, mit Kirschtomaten 76
Fischbrühe (Grundrezept) 85
Fisch-Chili, feuriges 157
Fischcurry, fruchtiges, mit Erdnüssen 154
Fischsuppe, feine 22
Frikadellen, italienische, in Tomatensoße ... 67

G

Garnelenpfanne, feurige 133
Gazpacho mit Gurke und Feta 181
Gemüsebrühe (Grundrezept) 84
Gemüserisotto 121
Gemüsesuppe, frische 9
Gemüsetopf Primavera 24
Gemüse-Wurst-Gulasch in Tomatensoße ... 35
Gnocchi mit Lachs-Dill-Soße 54
Gnocchi-Zucchini-Pfanne mit
Feta-Cracker-Dip 139
Graupeneintopf mit
Rindfleisch & Wirsing 30
Grünkohltopf, persischer 23
Gulasch à la Stroganoff 44
Gulasch, orientalisches 51
Gulaschtopf mit Knöpfle 40
Gulaschtopf mit Sauerkraut 10

H

Hackfleischtopf, würziger 14
Hackpfanne mit Gurkengremolata 125
Hähnchen-Couscous-Pfanne
mit Mandeln 122
Hähnchen-Erdnuss-Gulasch, schnelles 48
Hähnchenfilets alla toscana 106
Hähnchenkeulen mit Ofengemüse 108
Hähnchen-Mozzarella-Nudeln 58
Hähnchen, Piri-piri- 103
Hähnchentopf mit Zuckerschoten 33
Himbeer-Melonen-Kaltschale 185
Hirschgulasch mit Zartbitterschokolade 37
Hubertustopf mit Chorizo 45
Huevos rancheros – Gemüsepfanne
mit Spiegeleiern 128
Huhn, plattes, zu geschmorten Tomaten 162
Hühnerbrühe (Grundrezept) 85
Hühnerfrikassee-Suppe 13
Hühnersuppe, kräftige, mit Nudeln 11
Hutspot – Möhren-Kartoffel-Eintopf
mit Rinderbrust 177

K

Kaffee-Chili, kräftiges 72
Kalbsragout, italienisches 81
Kartoffelauflauf, cremiger,
mit Raclettekäse 170
Kartoffelcurry mit Zuckerschoten 153
Kartoffeleintopf, rustikaler,
mit Würstchen 178
Kartoffel-Erbsen-Suppe mit Stremellachs ... 15
Kartoffel-Gemüse-Curry 176
Kartoffel-Gemüse-Gratin 175
Kartoffelgulasch, buntes 68
Kartoffel-Kraut-Pfanne, deftige 136
Kartoffel-Lachs-Gratin mit Dillsahne 102
Kartoffelpfanne mit Mettflöckchen 127
Kartoffel-Risotto mit
frischen Pfifferlingen 143
Kartoffel-Steinpilz-Suppe 96
Kartoffel-Wirsing-Tortilla 171
Kartoffel-Wurst-Topf, herzhafter 28
Käse-Porree-Suppe mit Hack 18
Käse-Sellerie-Creme mit Schinkenchips 94
Kasselergulasch, Szegediner 38
Kasseler-Spitzkohl-Pfanne mit Apfel 132
Kasselertopf mit Senfgurken 41
Kefir-Radieschen-Suppe 184

VON A BIS Z

Knoblauch-Lamm-Gulasch 36
Kohlrabi-Kresse-Suppe 87
Koteletts, normannische,
mit Apfel & Poree 109
Krauttopf, polnischer, „Bigos" 17
Kürbiscurry, feines, in Kokosmilch 159
Kürbisgemüse mit Hack und Feta 161
Kürbis-Kartoffel-Suppe 174
Kürbis-Spaghetti, schnelle 62
Kürbissuppe, cremige 91
Kutschergulasch, Münsterländer 50

L

Laugenstangen, gefüllte 99
Linguine mit Bohnen-Hähnchen-Ragout ... 61
Lorbeerfilet aus dem Römertopf 148

M

Maispoulardenbrust mit
Zitronenkartoffeln 165
Makkaroni mit Lachs und Garnelen 63
Melonensuppe, kalte 186
Minestrone, grüne 21
Mitternachtssuppe 83
Möhren-Kokos-Curry mit Pute 151

N

Nudel-Bohnen-Topf, italienischer 55

O

Ofengyros spezial 101
Ofenschmorgemüse mit Bratwürsten 166
Oliven-Bruschetta 99
One-Pot-Lasagne 53
One-Pot-Pasta à la Frikassee 56
One-Pot-Spaghetti mit Räucherlachs 65
Ossobuco alla milanese 111

P

Paella mit Hähnchen und Chorizo 119
Paprika-Kaltschale, würzige 182
Partypfanne mit Mettbällchen 71

Partytopf, kanadischer 79
Pasta mit Tomaten-Thunfisch-Sugo 59
Pilzbouillon mt Schnittlauch 93
Porree-Hack-Pfanne mit Walnusssahne ... 126
Putengeschnetzeltes mit
grünem Spargel 130
Puten-Möhren-Ragout, feines 43
Puten-Paprika-Gulasch, leichtes 46

Q

Quinoa-Risotto mit Paprika und Chorizo ... 116

R

Reistopf mit Garnelen und Kabanossi ... 123
Rinderbrühe (Grundrezept) 84
Rindfleisch-Kokos-Curry 156
Rindfleischtopf aus Burgund 70
Roigabrageldi de Munster –
Elsässer Bratkartoffeln 179
Rosenkohleintopf mit Kasseler 27
Röstgemüse, mediterranes, mit Feta 104
Rote-Bete-Holunder-Suppe 90
Rote-Bete-Risotto 115
Rote-Linsen-Suppe 19
Rotkrautgröstl, gratiniertes,
mit Miniknödeln 140

S

Sahnekürbis, gebackener, vom Blech 164
Schinken-Makkaroni mit Käsesoße 60
Schmorgurken-Pfanne mit Hack 141
Schnitzelauflauf 107
Schweinchenbrötchen 99
Schweinebraten, provenzalischer 146
Spätzlepfanne mit Specksauerkraut 129
Spinatsuppe mit Crème fraîche 95
Steakpfanne mit Avocados 134
Steaks, geschmorte, in Champignonsoße 78
Süßkartoffel-Gemüse-Gulasch, pikantes 169
Süßkartoffel-Hähnchen-Wok 173

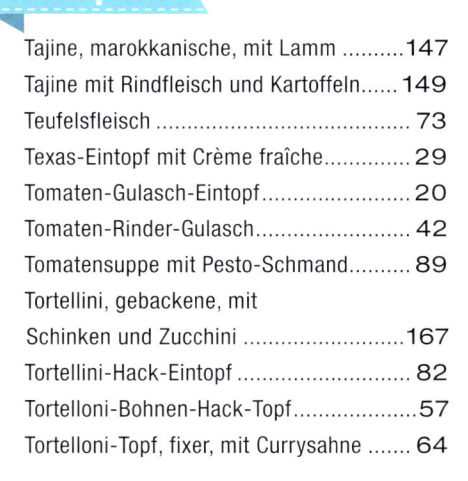

T

Tajine, marokkanische, mit Lamm 147
Tajine mit Rindfleisch und Kartoffeln 149
Teufelsfleisch 73
Texas-Eintopf mit Crème fraîche 29
Tomaten-Gulasch-Eintopf 20
Tomaten-Rinder-Gulasch 42
Tomatensuppe mit Pesto-Schmand 89
Tortellini, gebackene, mit
Schinken und Zucchini 167
Tortellini-Hack-Eintopf 82
Tortelloni-Bohnen-Hack-Topf 57
Tortelloni-Topf, fixer, mit Currysahne 64

W

Weizen-„Risotto" mit Pilzen 118
Wintereintopf, deftiger 31
Wirsingtopf mit Mettenden 26
Würstchenchili für Kinder 152
Wurstpfanne, cremige, mit
Silberzwiebeln 138

Die müssen Sie haben!

Alle Bücher von **kochen & genießen** zusammen ergeben Ihre perfekte Kochbuchbibliothek für zu Hause. Über 170 Rezepte auf knapp 200 Seiten in jedem Band, um Freunde und Familie zu verwöhnen und als echter Meisterkoch zu glänzen!

190 Seiten, Hardcover, Foodfoto zu jedem Rezept

NUR 12,95 (D) 13,40 (A)

Der Klassiker seit rund 30 Jahren: Die Zeitschrift kochen & genießen – Ratgeber, Informationsquelle und Ideengeber auf Expertenniveau Jeden Monat neu im Handel. Zum Sammeln und Immer-wieder-Nachschlagen!

Die ganze Reihe für zu Hause:

Aufläufe und Gratins
ISBN 978-3-86803-623-7

Backen
ISBN 978-3-86803-401-1

Backen für Advent & Weihnachten
ISBN 978-3-86803-555-1

Blechkuchen
ISBN 978-3-86803-426-4

Das Beste aus der Landhaus-Küche
ISBN 978-3-86803-486-8

Die neue Gemüseküche
ISBN 978-3-86803-487-5

Die neue Jahreszeiten-Küche
ISBN 978-3-86803-517-9

Feste feiern!
ISBN 978-3-86803-586-5

Fischgerichte für Genießer
ISBN 978-3-86803-519-3

Für Gäste
ISBN 978-3-86803-534-6

Glück aus einem Topf
ISBN 978-3-86803-622-0

Heimatküche
ISBN 978-3-86803-603-9

Köstliche Kuchen & Torten
ISBN 978-3-86803-257-4

Köstliche Ofen-Hits
ISBN 978-3-8118-1531-5

Lieblingsessen
ISBN 978-3-86803-556-8

Mit Liebe gebacken
ISBN 978-3-86803-543-8

Neue Ofen-Hits
Isbn 978-3-86803-588-9

Neue Party-Hits
ISBN 978-3-86803-572-8

Nudel-Hits
ISBN 978-3-86803-403-5

Ohne Fleisch genießen
isbn 978-3-86803-544-5

Sahnehäubchen und Zuckerträume
ISBN 978-3-86803-590-2

Salate
ISBN 978-3-86803-425-7

Sommerküche
ISBN 978-3-86803-608-4

Unsere schnelle Küche
ISBN 978-3-86803-571-1

30-Minuten-Küche
ISBN 978-3-927801-50-9

304 Seiten für nur 14,95

Das große Backbuch
ISBN 978-3-86803-516-2

Die besten Rezepte
ISBN 978-3-86803-467-7